革新のバトン

経営者3代でつないだ
介護用品・福祉用具卸ナンバーワン企業への軌跡

清水正憲

幻冬舎MC

革新のバトン

経営者3代でつないだ
介護用品・福祉用具卸
ナンバーワン企業への軌跡

はじめに

企業が生き残っていくのは簡単ではありません。激しい変化に対応できなければ、存続することは不可能です。

実際、需要の変化を見通すことができずに過剰な設備や人員を抱えてしまったり、突然現れたライバルに低価格競争を強いられて事業が立ちゆかなくなったりという話はいくらでもあります。加えて最近は、事業承継に失敗して売却や廃業を余儀なくされるケースも増えています。経営は常に企業の存続に関わるリスクを抱えています。

私の会社も戦後間もなく父が立ち上げた衣料品問屋から数えれば70余年、その後、父が別会社として新たに興した高齢者用衣料メーカーから数えて40余年の歴史を歩んでいますが、その間、多くの危機に直面してきました。そのたびに思い切った経営の革新を進め、現在は介護用品・福祉用具専門の卸会社として、年間売上171億円という業界トップの業績を残すまでに成長を遂げることができました。

父、私、そして長男と3代にわたってバトンを受け継いできた経営は革新の連続でした。例えば父は、社会的に「卸不要論」が巻き起こるなか大手の取引先からの値下げ要求に、「それならば自分たちがメーカーに」と卸から子供用肌着メーカーへの転身を実行に移しました。メーカーとして縫製工場を一つ、二つと買収し、やがて九州で最大9工場を動かすまでになりました。

また、その後中国などの台頭で価格競争が激化し経営のリスクが高まると、父は次の一歩を踏み出しました。高齢者が着やすく、また着せやすい肌着がなくて困っているという話を耳にして、その開発に着手し、子供用肌着とは別に新たに会社を興して高齢者用衣料の製造を始めたのです。試作と改良を重ねた製品は父の予想をはるかに超えるヒット商品になりました。

しかしそれから6年後、父から経営を引き継ぎ、子供用肌着メーカーと高齢者用衣料メーカーの2社の社長となった私には、二つの会社をこれまでのように同じような規模で経営していく力はなく、就任早々、どちらに経営の主軸をおくかを判断しなければなりませんでした。子供服市場はすでに成熟しており、しかも子供の数が今後も減っていくことははっきりしていました。対照的に高齢者用衣料には汲み上げられていなかったさまざまなニーズがあり、市場が拡大していくことは明らかです。私は、一時は６００人の従業員を擁していた子供用肌着メーカーとしての事業から撤退し、製造品目を切り換えるという思い切った経営革新に踏み切りました。

さらに私は、もう一つの革新を実行しました。それはメーカーから卸への業態の再転換です。高齢者用衣料の市場に参入して気づいたのは、流通があまりにも未成熟であることでした。購入希望者へ提供される情報は乏しく、在庫をストックし迅速に配送する仕組みもありません。私の会社でも、商品を一つひとつ全国のあらゆる注文主に向けて発送する作業が必要になり、そのコストを上乗せすることから価格を高くせざるを得ず、販売にも影響が出ていました。明らかに大きなニーズが隠されている高齢者市場をさらに大きく育てていくためには、流通を改革しなければなりません。それができれば大きな商機が生まれます。そこで自ら流通の担い手になろうと考えたのです。

そこで私は、高齢者用衣料や介護関連製品のカタログの制作・発行、営業社員教育、メーカーと販売者をつなぐ研修会の開催、受発注システムの開発、物流センターの整備など流通改革を進めました。

その結果、高齢者用衣料・介護福祉関連市場で20期連続の売上増を実現し、介護用品専門の卸会社として業界トップの地位を獲得することができたのです。現在は3代目社長が、「介護用品・福祉用具の流通にイノベーションを」というスローガンのもと、さらに流通の高度化を進めながらトータルコンビニエンスを備えた新時代の卸会社としての道を歩んでいます。

本書は私の父に始まる会社の歩みを振り返りながら、卸からメーカーへ、メーカーから再び卸へという業態転換や取扱商品の変更、新たな物流システムの開発など、3代のそれぞれが経営者として何を考え、どのような革新を行ってきたのかを改めてまとめたものです。

本書が経営に携わるすべての皆さんの決断のヒントになれば幸いです。

目次

第2章

主力商品の転換

新たな市場に挑み、会社を成長軌道に乗せる――
高齢者向け衣料の生産に集中した2代目の決断

第3章 業態の転換

メーカーから再び卸へ――
顧客が望むものを迅速に届けるために卸業に回帰

第4章 改革

業界トップシェアを目指すための流通改革
――全国4カ所の物流センター開設に挑む

第1章

革新の礎

卸からメーカーへ
変わることを恐れない創業者のDNA――

経営者3代を貫く変革の精神

企業経営を取り巻く外部環境は常に変化します。ある程度予測できるものもありますが、いつ何がどう変わるか、明確に見通すことは困難です。自然災害のようにある日突然顕在化するものもあります。父が創業した衣料品問屋から70余年、私と長男の3代にわたる経営は、その外部環境の激変のなかで常に革新を重ねてきました。卸問屋から製造業へと転換し、子供衣料品から高齢者衣料品へと事業領域を変え、さらには衣料品製造を完全に閉止して介護福祉用品の卸へと再び業態を転換し、現在まで歩んできました。事業領域の変更も業態の転換も、いずれもしっかりと収益を上げていた事業を捨てることを意味していました。しかし、思い切った決断があったからこそ、直近の17年で売上を10倍以上伸ばし、介護用品・福祉用具専門商社として業界トップに立つことができました。初代、第2代、第3代――私たちを等しく貫く変革の精神こそ、大きく変貌を続ける時代のなかで私たちの成長を支えてきたDNAであると思います。

「鶏口となるも牛後となるなかれ」

株式会社ウェルファンの前身、株式会社アニマルは私の父、清水太郎が兄弟と３人で１９５０年に大阪市福島区で創業しました（当初の社名は清水株式会社、その後変更）。太郎は１９１５年生まれでこのとき35歳です。専務取締役ながら事実上仕事は一人で切り盛りしていたようです。その後私が2代目社長に就任したのが35歳、私の長男の義生が３代目社長に就任したのが37歳のときですから、私たち3代は、ほぼ同じ時期に専務あるいは社長になり、その後の人生を会社経営者として歩んだことになります。

太郎は旧制大阪府立高津中学（現・高津高等学校）、山梨工業専門学校土木部（現・山梨大学工学部）を卒業し、大阪市役所の土木部の職員をしていました。しかし間もなく徴兵されて兵役訓練を受け、その後太平洋戦争が始まると招集されて４年間南方で従軍しました。情報が錯綜し一時は留守宅にフィリピンで病死したとの電報まで届いたそうですが、その後生存していると判明し、実家で待つ母は定かではない情報に振り回され大変な心労だったようです。南方戦線は状況が厳しく、実際従軍はさぞ大変であったろうと思います。そのせいか、太郎は当時のことを語ることはなく、また家族も強いて聞こうとはしませんでした。

終戦となって復員したあとは出征前の勤務先の大阪市役所に戻りましたが、役所の事務仕事に魅力を感じることができなかったようで、間もなく退職し新しい会社を興しました。当時を振り返って太郎は後年「そのまま役所勤めを続ければ部長くらいにはなれると思った。しかし人生それだけでは面白くない。『鶏口となるも牛後となるなかれ』だ」と語っています。

「鶏口牛後」の四字熟語としても知られた司馬遷の『史記』「蘇秦列伝」が典拠となった故事成語で、辞典には「強い勢力のあるものにつき従うより、たとえ小さくても独立したものの頭となれということ。『鶏口』は、鶏のくち、頭のこと。『牛後』は、牛の尻」との解説があります（『中国故事成語辞典』三省堂）。市役所という大きな組織のなかの一人としてひたすら上命に従って頭を下げて生きていくよりは、失敗しても自分で責任を取って前に進んでいく人生を送りたいとの心境だったのだと思います。太郎は、時代の流れのど真ん中で仕事をするのが一番だとも言っていました。

太郎が興した株式会社アニマルの事業は紳士、婦人、子供用の肌着問屋でした。

なぜ大阪市福島区で、なぜ肌着の取り扱いを事業としたのか、はっきりと言葉で説明を受けたことはありません。しかし、確かに「時代の流れのど真ん中」、少なくともその一つであったことは間違いありません。戦後復興期の日本の経済を引っ張ったのは繊維工業です。１９５５年の鉱工業生産指数に占める割合を見ても、繊維工業は化学工業、鉄鋼業、電気機械工業などその後急伸する各種の工業を抑えてトップの数字を示しています（経済産業省「ＩＩＰ（鉱工業生産指数）の産業ウェイトの変化と主な生産品目」）。

しかも大阪は明治時代以降、官営の紡績工場が置かれるなど、紡績・織物・ニット（メリヤス）・縫製などの繊維産業が大きく発展した地です。戦後日本の高度経済成長を支えていくことになる大手商社は、いずれも大阪の繊維産業を基盤としたもので、伊藤忠、丸紅、日本綿花（現双日）、東洋棉花（現豊田通商）、江商（現兼松）は「関西五綿」と呼ばれていました。大阪の繊維産業こそ、日本商業の揺籃の地であったのです。例えば都道府県別のメリヤス生産設備台数の調査（１９５５年）によれば、丸編設備台数３万５１３８

台のうち実にその３分の１近くの１万３００台が大阪に集中し、もちろん全国トップです（『日本メリヤス産業史』センイ・ジャァナル編）。

そしてこの繊維産業のなかでもメリヤス肌着生産の一大集積地となっていたのが福島区でした。大日本紡績福島工場（現ユニチカ）はじめ繊維産業に携わる大工場が次々と建設され、周囲には中小規模の工場が建ち並んでいました。

戦後の復興期にあった日本でメリヤス肌着の需要は急速に拡大していました。

もともとメリヤスは機械編みの編み物やニットの総称で、スペイン語のメディアスやポルトガル語のメイアス（いずれも靴下の意）が語源といわれ、機械編みならではの伸縮性が特徴でした。メリヤスの漢字表記は「莫大小」です。つまり大小がない＝伸縮が自在ということです。そのため肌に密着する着心地のよさから肌着として非常に人気が高く終戦直後の混乱をようやく脱し、少しずつ生活が落ち着いていくなか、メリヤス肌着の需要は急増していきます。特に１９５０年から始まる朝鮮戦争特需や１９５１年の綿の統制撤廃などをきっかけに、日本各地の紡績工場は織機がガチャンと動けば万単位のお金がもうかるほどのガチャマン景気といわれた景気拡大期に入り、メリヤス産業は急速に成長、メリヤス肌着の売上高は１９５０年からのわずか４年間で約４倍以上もの伸びを示したといわれています。メリヤスといえば肌着を指すほどに暮らしのなかに入り込み、１９５０年代は作れば作っただけ売れる時代でした。福島の工場がフル稼働していたことは想像に難くありません。太郎はその活況に着目し起業したばかりの会社の事業領域に自らの専門である土木とはまったく異質のメリヤス肌着を選びました。福島のメリヤス産業に「時代のど真ん中」を感じていたのだと思います。多くの工場から商品を買い付け、当時京阪神の鉄道沿線各駅前にある一番店のほぼ全店に品物を納めていました。

しかし、会社は福島のメリヤス業界の新参者です。社長の太郎は直近までは市役所の技術畑の職員でしたから経営者といっても素人同然であり、社長仲間に知り合いがいるわけでも、地元で顔が売れていたわけでもありません。地場の商売の世界とは別のところから出てきた人間であり、業界組合からは異端児扱いされていました。「組合の集まりなどに参加しても必ず末席に座らされ、声を掛けられることもなく、いてもいなくても同じといわんばかりの冷ややかな視線を浴びせられ続けた。今に見ていろという気持ちだった」と後年太郎は語っています。太郎は『塵も積もれば山となる』ということわざがあるが、あれは嘘だな。そもそも塵は積もったらどこかに飛ぶか、流れるかしてしまう。積もらんよ。仕事は確かに忙しかったが、働いても働いても会社はちっとも大きくならなかった」とも話していました。

太郎は肌着問屋としていろいろなメーカーの商品を扱っていて、ただ扱うだけでは面白くないと思ったのか、和歌山のメリヤス工場を歩いて渡り生地を作ってもらい、それを使って縫製工場に頼み込んで自分のアイデアを基にした子供向けの肌着作りを始めたのです。会社として本格的な生産設備を持つわけではなく、いわばテーブルメーカーとして、ものづくりを試しにやってみたというところです。太郎はもともと技術者ですから自分で設計を工夫し新しいものを作るのは嫌いではありません。そうして自分で型紙を作って新たに商品化したものの一つに男性用のトランクス型下着がありました。現在では当たり前ですが、まちを二重にしたところ大ヒットして非常によく売れたのです。当時としては画期的な工夫で特許も取りました。この販売でようやく会社経営が軌道に乗り、新たに人も雇うことができました。連日午前零時を過ぎて帰宅するような毎日を送っていたようですが、なんとかここで会社が形になり一息つくことができたようです。

男性用のトランクス型下着のあとも、太郎は自分で型紙を作って製造を依頼し自社製品として販売するということを卸事業と並行して進めていました。試作品は当時小学生であった私に着せてみて、そのうえで改良を重ねていました。自分でも「ここまで商品研究をしている会社はない」と自画自賛していましたが、この研究熱心さはその後の事業でもたびたび発揮されます。私にも、また私の息子にも、物事をあやふやにせず突き詰めて考える習慣があり、中途半端が嫌いで、細部を掘り下げていくプロセス自体を楽しむところがあります。これは太郎以来の清水家のＤＮＡといえるかと思います。

顧客の満足は営業を不要にする

創業当初の社名、清水株式会社ではいかにも個人商店の印象が強く、また自社製品にはブランド名も欲しいことから、太郎が社名変更を思い立ったのは、創業10年後の１９６０年です。肌着を扱う会社であり、またブランド名として覚えやすく親しみを感じさせるものが良いと、「ウサギ」「キリン」「ライオン」といった動物の名前を候補に考えていました。しかしことごとく先に商標登録されていて使えないことが分かり、それならと思いついたのが動物の総称、アニマルです。先行した登録もなく、新しい会社名が決まりました。

当時の営業スタイルは年2回、小売店を集めた見本市を開き注文を取る方式です。どの卸も同様のスタイルでした。太郎の会社も同様の方式で成果も出ていたのですが、ある時期から見本市に来る小売店の数が減ってきました。これでは商売に差し支えが出ると不安になり、太郎はなじみの小売店の店主になぜ来ないのかと聞いてみたのです。すると、アニマルさんの扱っているものは売れ行きがいいから仕入れることに決めている。わざわざ時間を割いて見本市に出掛けるまでもないと答えが返ってきました。太郎は、これは商売の理想だ、いいものを提供して顧客の満足を得れば、営業は要らないということだ、と気づいたそうです。

太郎はこの考えを貫いていきます。小売業として日本初の1兆円突破企業となったダイエーとの取引が増えていたときのことです。太郎はダイエーの代表的な4店舗（小倉、姫路、大阪、東京）を選び、毎週月曜日の朝一番に営業担当者を派遣し、前週の販売量調査をしました。今ならＰＯＳでリアルタイムの売上データが簡単に入手できますが当時はそうした便利なツールは存在しません。各店舗の在庫を一品ごとに調べ、出荷実績と比較してその週の販売量を逆算して求めるということを、わざわざ人を派遣してやってみせたのです。詳細な数字を報告すると本部のバイヤーは非常に喜び、売り場を任せられる信頼できる仕入れ先として、太郎の会社をますます高く評価していきました。自社が店舗に売った数字が売上なのではなく、店頭で実際に売れた数字こそ本来の売上であるという顧客本位の考え方が表れています。小売店に売った時点で商売は完結したと考えても不思議ではありません。むしろこちらが一般的です。しかし太郎はお客様の満足こそ最終目的であり、そのために貢献できることを考えました。それが信頼を高め店舗に対する営業を不要にしていったのです。

後年、太郎の急逝を受けて私が２代目社長となり、改めて社訓を定めようと、私が敬愛しマネジメントの父と呼ばれて名高いＰ・Ｆ・ドラッカーの数々の名言を思い返していたとき、私はこれこそ太郎の思いと同じだという一節に出合いました。そこでドラッカーは「マーケティングの理想は販売を不要にすることである。マーケティングが目指すものは、顧客を理解し、製品とサービスを顧客に合わせ、おのずから売れるようにすることである」（『マネジメント 基本と原則［エッセンシャル版］』p.17ダイヤモンド社）と書いています。「顧客の満足を得れば営業はいらない」と太郎が言っていたのは、まさにこのことだったからです。太郎の基本的な考え方は私に、そして3代目社長に会社の基本的な精神として受け継がれています。

大量流通時代が招いた卸の危機

創業10年を経た父の会社は高度経済成長の追い風を受け肌着卸の一角を担う若い会社として事業を軌道に乗せました。

ところが1960年代に入って間もなく肌着の売れ行きが急速に悪化し、在庫の山を抱えて年を越すのも危うい状況に直面しました。

当時太郎は卸の前線から一歩下がり、今後の経営方針を検討したり新製品のアイデアを考えたりしていたことから何が起きたのかすぐに分かりませんでした。自分の目で市場の様子を確かめようと大阪一の繁華街、天神橋に出るとハトヤ（のちのニチイ）は大変なにぎわいで肌着などの衣料品も飛ぶように売れています。なぜ自社の物が売れないのか、太郎は会社に戻り売れずに在庫となっていた肌着を試しに10枚だけ持ってハトヤを訪ね、店員をつかまえて、これはいくらなら買っていただけますかと聞いたのです。すると店員は品物をちらっと見て、８００円なら買おう、と答えました。実は仕入れ原価が９００円の商品でしたから８００円では赤字です。しかし今さら持って帰るのもばかばかしく、在庫で動かないよりはましと思って太郎はハトヤ店員の言い値で売りました。するとまだ会社に帰り着くか着かないうちに電話があり、全部売れたから追加がほしいと言われたのです。さっそく同じ条件で納めたところ、数日後にはさらに追加で仕入れたいと要望があり、そんなやりとりを繰り返すうち、在庫をすべて売り切っただけでなく、製造元に追加生産を発注することになりました。もちろん従来の９００円では仕入れられません。交渉の末、値段を２００円下げて７００円とすることにしました。これでなんとか大量の在庫を抱えて越年も厳しいという状況は脱することができたわけで、このとき太郎は駅前の小さな販売店がものを売る時代は終わろうとしているとつくづく感じたのでした。

太郎は何ごとも自分の目で事実を確かめ、そのうえで判断するタイプです。晩年、自宅の前に畑を作り仕事の合間にネギなどの野菜を育てていたときも苗の成長を丹念にグラフにして記録していました。変化を目で見るだけでなく、客観的な数字で記録して推移を正確に観察しようとするのです。また健康のためだといってウォーキングを習慣にしながら、まず回転式のメジャーを購入し、距離を正確に計ったうえでコースを検討していました。さらに、室内環境を把握するためには温度だけでなく湿度の情報も必要だといって、わざわざ湿度計を買いそろえていました。

太郎は冷静な観察眼は若い頃からもっていました。太郎の目に流通が変わる、時代の流れは自明に映ったに違いありません。

大規模小売店が登場し、大量仕入れによってコストを抑え低価格で大量に販売する流通の新しいモデルが登場し始めていたのです。旧来の小規模な個人商店は価格競争に勝てず、売上が落ちれば品物を納めている卸も一蓮托生で経営が成り立ちません。しかも卸はもともと利幅の小さな商売です。これ以上低価格での卸を求められたらやっていけません。

太郎はこのままでは小売店も卸も生き延びることが難しいと考え、あるとき従来の納め先である近隣20社ほどの小売店の社長を集めて話をしました。

「ぜひとも皆さんで共同仕入れ会社をつくって一括大量仕入れの体制をとってほしい。世の中の小売業は確実に少数の大規模量販店による大量販売という時代に向かって進んでいる。今までどおりの小規模販売・小規模卸ではこの時代に太刀打ちできず共倒れになります。もし共同仕入れへの転換が難しければ、今後私の会社は皆さんとの取引は継続できません」と太郎は宣言したのです。

今は変わるしかない、変われないものは生き延びていけない——という強烈なメッセージでした。当然反発する小売店はありましたが、太郎はいっさい妥協しませんでした。

個人商店相手でなければ、各店に担当者を配置する必要もなくなり、現状の営業担当者の人員も大きく削減できます。太郎は当時最大で約60人いた従業員が減っても補充しない方針を立て、取引先から小規模の個人商店をなくし、営業担当者も10人ほどにまで縮減して、今でいうリストラを敢行しました。

「共同仕入れ会社をつくってくれ」と太郎は呼び掛けてはいましたが、実際に小さな商店の社長たちが分かりましたと言ってすぐにつくれるとは思っていなかったはずです。太郎の本音は、それができないなら今後取引はできないということだったと思います。このとき何を考えていたかと聞いていないので推測も混じりますが、当時の太郎の考えは、創業時以来の卸事業からは思い切って撤退しメーカーになって大規模流通店と直接取引をすることが必要ではないか、ということだったと思います。共同仕入れ会社をつくってくれと無理難題を投げつけたのは、私の会社は別の道を行きますという決別宣言だったのです。太郎はこのとき、いよいよ本格化する流通革命のなかで生き残っていくためには、卸ではなくメーカーのポジションを取らなければならないと考えていたはずです。仕入れ原価900円の品を持っていって、800円なら買うと言われたときの太郎のショックはよく分かります。卸が価格を決めることができないということです。そもそも右から左へ商品を流すだけでは卸の利益は非常に限定されています。しかもこれからは不要のレッテルを貼られることになるほど大きな革命が起きようとしていました。流通が変わる、現状の卸では生きていけないと太郎は先を読んでいました。太郎の認識は正しかったと思います。

噴出した問屋不要論

1957年、「よい品をどんどん安く、より豊かな社会を」という企業理念を掲げて大阪にダイエーの前身となる「大栄薬品工業」が設立されます。同じ年には旭区の千林駅前に「主婦の店・ダイエー薬局」がオープン、その後ダイエーは薬品部門をすぐに閉鎖し、日用品や食品を中心にした総合スーパーマーケットとして全国にチェーンを拡大、1972年には百貨店大手の三越を抜いて3000億円を超える売上を達成し、日本一の小売店となります。太郎が訪ねた天神橋のハトヤも、その後、千林商店街の衣料品店など4社が合併して1963年にニチイとなりました。さらに西友ストア、ジャスコ、ユニー、イトーヨーカ堂など大型量販店が続々と誕生、まさに「流通革命」が進行していきました。

背景にあったのは大量生産と大量消費への社会の大きな転換です。商品の生産段階では機械設備の高度化などによる大規模大量生産が展開されるようになり、他方、消費を見れば所得水準の上昇や生活水準の向上などによる大量消費構造の定着が進みました。

2000		2009	
ダイエー	**19,806**	ヤマダ電機	20,161
ジャスコ	16,235	イオンリテール	18,503
イトーヨーカ堂	14,789	イトーヨーカ堂	13,878
マイカル	10,506	ユニー	11,344
高島屋	10,004	**ダイエー**	**9,768**
西友ストア	8,322	高島屋	8,778
ユニー	7,811	そごう・西武	8,593
三越	6,860	エディオン	8,200
西武百貨店	5,788	ヨドバシカメラ	6,863
コジマ	5,067	ケーズホールディングス	6,486

一カ所で比較的品質の高い品が買いやすい価格でなんでもそろうことになって、消費者はもっぱら量販店で物を買うようになりました。当然、その間を結ぶ流通でも大量流通の必要が生まれます。従来のような小規模な生産者から一次問屋や二次問屋といった卸事業者を経て零細な小売店の店頭に届けられるという非効率で規模の小さな流通は淘汰されざるを得ませんでした。大規模量販店が大量販売・大量仕入れで流通の中心を担うことになれば従来の卸は不要になるのです。

流通革命がいよいよ本格化すると見た太郎は、大規模小売店を頂点とした新たな流通システムのなかにメーカーとして飛び込むこと

1972～2009 年大型量販店と流通革命

1972		1980		1990	
ダイエー	**3,052**	**ダイエー**	**11,339**	**ダイエー**	**18,420**
三越	2,924	イトーヨーカ堂	6,879	イトーヨーカ堂	13,551
大丸	2,131	西友ストア	5,594	西友ストア	10,484
高島屋	1,994	ジャスコ	5,537	ジャスコ	9,953
西友ストア	1,668	三越	5,457	西武百貨店	9,853
西武百貨店	1,550	ニチイ	4,553	三越	8,666
ジャスコ	1,550	大丸	4,213	高島屋	7,676
松坂屋	1,493	高島屋	4,146	ニチイ	7,081
ニチイ	1,442	西武百貨店	3,748	大丸	6,066
ユニー	1,264	ユニー	3,325	丸井	5,658

を選択したのです。

役所の生ぬるい世界で生き続けるのはつまらないと退職した太郎は、興した会社をとりあえず前に進めるため、活況に沸く福島のメリヤス肌着業界に参入、問屋として仕事をしていました。しかし新参者として末席に置かれたうえに、高度成長経済のもとで社会が大きく変貌し消費者の行動も変わっていこうとしているのに、対応しようとしない旧態依然の業界には失望があったのではないかと思います。世の中は大きく動いているのに手をこまねいていたら波に飲み込まれて沈没してしまう。太郎が、大規模小売店の進出で流通が劇的に変わり、従来の小規模な卸が生きていける余地はもうないと考えるのはごく自然なことでした。

実際、問屋不要論、が声高に唱えられ始めました。

ダイエーを先頭に続々と誕生した大規模小売店は、本社が経営戦略の立案はもちろん商品開発、仕入れなどを集中的に管理し、各店舗はオペレーションに専念して経営効率化を図るというアメリカ生まれのチェーンストア理論で武装していました。一店舗当たりの規模が大きく、しかも全国に多店舗展開するため商品の仕入れは一元的かつ大量に行われます。そのため仕入れ価格の決定力をもち、卸を通さず、メーカーから直接、商品を仕入れることができるのです。中間マージンを排除したぶんだけ仕入れ価格を抑え、低価格販売で顧客をつかんでいったのです。ダイエーの勢いは１９７０年代に始まりバブル経済が崩壊する１９９０年代後半まで続きます。卸の存在価値は小さくなる一方でした。小さいどころか、流通を複雑にして最終の販売価格を高くする悪者にすら見立てられるようになりました。

太郎はもともとものづくりが好きだということもあります。自分の会社の次の一歩は、卸からメーカーになり、大規模流通店と直接取引をすることだと考えていました。

工場を買収しメーカーへ転身

これまでも男性用トランクスなど、自ら型紙を起こして工場で生産したものはありますが、それは他社工場に依頼したものです。自前の工場設備をもち、生産に当たる自社従業員を雇い入れていたわけではありません。しかし、卸からメーカーへと転身するためには、工場設備と人員を自前で用意しなければなりません。

太郎はまず大阪市内で売りに出ている縫製工場があることを知って買収しました。１９６０年頃です。生産を始めたのは当初の卸事業で扱い慣れていたベビー・子供実用衣料品、特に子供肌着が中心でした。当時の流通の花形であったダイエーに取引口座を開くことにも成功し、工場は順調に稼働していきました。そのため、１９７０年の大阪万博開催前に、吹田市に新工場を建設、生産能力増強を目指しました。

ところが万博を目前にして好景気に沸く関西経済界では業界を問わず人手不足が深刻化していました。繊維工場でも事情は同じです。工場設備は手に入れたものの人が集まりません。人数をそろえようとすれば極めて高い給料を払わなければならず、工場としてはまったく採算が取れない状況になっていたのです。メーカーへの思い切った転身に一歩を踏みだしたものの、いきなり大きな壁にぶつかり、当時について太郎は、ノイローゼになるくらい悩んだとのちに振り返っています。苦境を救ったのは九州の大分県竹田市にある縫製工場が売りに出ているという情報でした。都市化が急速に進む大阪で大きな工場を稼働させるのは、運営コストや人件費の面から非常に難しいことが明らかになっていたので、太郎はこの竹田工場を足場に九州に生産拠点を設けることにしたのです。

たまたま竹田工場の開業祝いに駆けつけてくれた大手商社の部長と担当者が自社で確保した生地を使ってくれる縫製工場を探していたこともあり、今後九州内で工場を作るなら建設費用の借り入れなどについても最大限保証の労を取ろうと申し出てくれました。また、大手商社との関係強化が功を奏し、それまでは融資を渋っていた銀行も積極的に融資してくれるようになり、太郎は１９７０年以降、竹田工場を核にしながら、次々に小工場を作り、最大で９工場６００人の縫製工を抱えるまでに拡大していきました。生産関連の幹部社員全員が九州に転居し、大阪では到底実現できない強力な生産拠点が誕生しました。

当時、衣料品市場は急速に拡大し、業界全体を通して生産能力の増強が問われていました。しかし、大阪の繊維関連メーカーでこのとき地方移転を決断できなかった事業者は、最終的にはすべて倒産、廃業しています。太郎の地方移転の決断が会社の次の成長を支えることになりました。

経営リスクを高めた特定の量販店との蜜月

九州に生産拠点を確保し、徐々に増強しながら、太郎の会社は卸からメーカーへの転身を成功させました。取引先の中心は1960年大阪市内の工場稼働時からメーカーとして本格的に取引を始めたダイエーでした。

ダイエーは1960年代に入ってから急速に成長して1968年には初の郊外型大型店舗として出店した大阪府寝屋川市の香里店が大成功を収め、この店舗だけで年間100億円を超える売上を達成し、その後も全国で躍進を続けました。

太郎の会社は1961年に地元の小売店に向かって「共同仕入れしかない」と迫った翌年の1962年頃から小規模ながらダイエーとの取引を開始しています。当時付与された仕入れ先コードは0233でした。この数字は小さいほど関係が古いことを物語るもので、実際全納入業者のなかでも非常に古く、子供肌着部門では最も小さい番号をもつ会社でした。

九州を拠点にした生産体制が整い、ダイエーとの取引がいよいよ本格化する1970年代半ば以降は、団塊ジュニア世代が幼稚園から小学校へと上がる頃です。団塊ジュニア世代は、1971年から1974年にかけて、毎年200万人以上が生まれた世代で、ベビー・子供服の需要は毎年自動的に大きく伸びていく時代でした。量販店からの注文に応えるためメーカーは懸命に増産に取り組んでいました。しかも1970年代は消費者物価指数の年間平均上昇率が9％に達するなど、毎年物価が上がる状況です。同じ商品でも前年より値上げするのが当たり前で、3月の春夏物の出荷の際には、前年のもち越し在庫の値札をより高いものに付け替えるのが最初の仕事になっていました。しかも在庫をもち越すことは安定した納品につながることから客先へのサービス向上になり企業収益にも貢献するという、メーカーにとっては極めてまれな、幸福な時代であったといえます。

ところが量販店の成長スピードは非常に速く、業界トップのダイエーは1980年に売上1兆円の大台を突破、その後も成長を続け1990年には1兆8420億円まで拡大していきます。その成長スピードに太郎の会社の生産力が追いつかない事態になりました。

さらに卸からメーカーへの転身は、卸にはない価格決定力を手にしたいという願いを込めたものであったにもかかわらず、流通革命の旗手であったダイエーの創業者中内功の持論は「流通支配権を生産者から流通経済の担い手に奪い返すのが流通革命である」（『わが安売り哲学』千倉書房）であったので、メーカーに対しても極めて強い価格交渉力をもち、メーカーは提示された納品量と価格を飲まざるを得ない事態がたびたび発生しました。

ダイエーとの取引は年々拡大し、太郎の会社の売上高に占めるダイエーの比率は80％にも達していたのです。ダイエーの側でも、子供肌着部門の仕入れ高に占めるアニマルの割合は60％を超えていました。ダイエーという業界最大手企業との信頼関係をここまで育て、安定した売上を計上していることは事業の大きな成果です。しかし半面では、それだけ高い経営リスクを背負ったということでもありました。しかもダイエーのメーカーに対するさまざまな意味での支配力は非常に強かったのです。もし取引関係がなんらかの理由で崩れたら、太郎の会社は経営の屋台骨が揺らいでしまいます。太郎はダイエーへの売上比率を下げなければならないと考え徐々に実行していきました。しかし、時すでに遅く、１９７０年代末にそのリスクが顕在化してしまいました。

ダイエーからの納品の要求に応えるためにさらに工場の建設を進めたのですが、竣工してみるとダイエーからの注文が減っていたのです。１９８０年代に入るとそれまでのターゲットだった団塊の世代の子どもたちが小中学生になり、太郎の会社が主要な顧客としていたベビー・幼児の数は減り始めていました。ダイエーの子供肌着部門担当部長も売上の低迷に頭を抱え、太郎の会社に来て対策を一緒に話し合ったり　こちらが先方の会議に参加して一緒に知恵を絞ったりしましたが、そもそも販売対象とする年齢の子供の絶対数が減ってしまうのですから、簡単に対策が見つかる話ではありません。そうこうしているうちに増強した設備と人員が過剰になる事態に直面してしまいました。

強みであるはずの生産能力が逆に弱点となり、工場を稼働させるために受注を取りに走らざるを得ない状況が発生しました。その結果、子供肌着以外の不慣れな仕事への挑戦を余儀なくされ、子供用アウター（Tシャツ）、ベビー・子供アウターの下請け、婦人ショーツの製造販売、婦人アウター、さらにはポロシャツの輸出などに挑戦しました。月に5万枚から10万枚を1着１５０円から２５０円くらいの工賃で受けて、毎月１０００万円くらいの売上になりました。当時のポロシャツに携わる工員は30人から40人です。少しでも売上を稼がなければ給料が払えません。しかし、海外業務は為替リスクもあります。実際円安のあおりを受けることもあり、会社経営の苦労は絶えませんでした。売上は伸びても利益が伴わず、新たな営業品目として定着できたものもありませんでした。子供肌着メーカーとして築いた実績や信頼は大きく、それは太郎の会社を力強く支えていました。しかし挑戦した新規事業で利益が出ない状況が長く続き、80年代は低迷を続けることになります。毎年少しずつ赤字を積み上げていくことになってしまったのです。

もう一つの挑戦

太郎は自ら創業して主に子供肌着メーカーとして大きく育ててきたアニマルの経営の一

方で、新たな商品の企画開発に乗りだしました。メーカーへの転身を果たし、いったんは成功させたものの、その後の展開は思わしくはありません。流通業界のガリバーであったダイエーとの取引は規模を大きく拡大したものの、自ら価格決定権を持ち、利益を積み増していくというもくろみどおりには進まず、むしろ流通に振り回され、赤字を計上することになってしまっていました。しかしすぐにも手当てをしなければ経営が危うくなるということはなかったので、九州工場の運営は一人の役員にほぼ任せていました。当時は何か新しいことをしたい、改めて自分の手でものづくりがしたい、という技術者としての気持ちが頭をもたげていたと思います。

ダイエーとの蜜月が頂点に達していた1977年、私は太郎の招きもあり、新卒で入社した会社を2年で辞め、太郎の会社アニマルに入りました。太郎はそのとき62歳ですから、いずれ近いうちに息子を後釜に据えるつもりだったと思います。私が入社して、いつでもバトンは渡せるという安心感が生まれ、身を軽くさせていたということもあったかと思います。太郎は自分の属するキリスト教会が特別養護老人ホームを設立する発起人の一人に加わったとき、理事の一人から「高齢者が着やすく、また着せやすい肌着がない。あなたはご専門だろうから、一つ作ってみてくれないか」という依頼を受け、引き受けたのです。渋々引き受けたのではなく、むしろ太郎はこの依頼が飛び上がるほどうれしかったのではないかと思います。またものづくりができる、さらにこれから急増していくことが間違いない高齢者のニーズに応える商品がない。まだ誰もやっていない商品を作れば大きな事業になる、これは面白くなるという発見でした。

太郎は入社から3年が経過していた私を社長室に呼び、「アニマルの社長はお前がやってくれ。まだ若いのだから少々失敗をしても恐れることはない。自分の思うようにやればいい。私も35歳で会社を立ち上げてからずっとその思いでやってきた。頼むぞ。私はやりたいことがあるから、アニマルの第一線からは退くよ」と言ったのです。

太郎は依頼を受けた高齢者用肌着の開発に没頭しました。高齢者にとって、また介護する人にとって最善の肌着を提供したいという一心で、デザインはもちろん素材や縫製の仕方、付属品にまで目を配り、試作品ができるたびにモニターに着てもらって改善を重ねていったのです。また的確なサイズを探るためには実際に高齢者の体格測定が必要だということになり、太郎自身が設立に関与した施設で入居者50名の身長と胸囲の測定を実施しました。

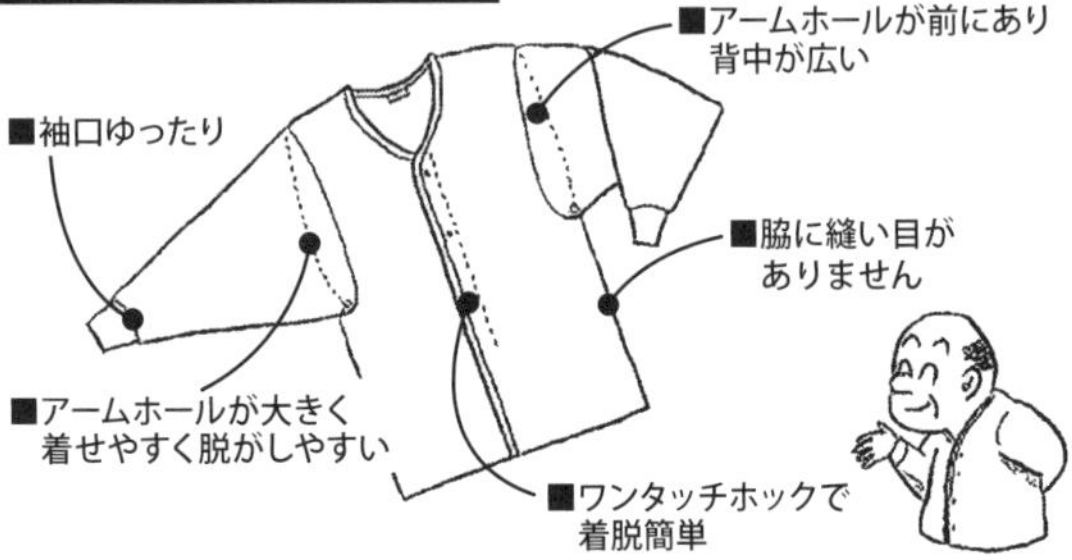

ウェルファンの製品第1号

細部をおろそかにしない技術者としてのこだわりと、顧客本位で顧客の喜ぶものを作る、そうすればセールスは不要になるという事業家としての信念がここでも遺憾なく発揮され、画期的な製品ができました。アームホールを大きく取って介助者が着せやすく脱がせやすいようにしたり、ボタンではなくホックを使ったり、さらに脇に縫い目を取らないといった従来の高齢者用衣料にはないさまざまな工夫が施されていました。脇の縫い目を避けるのは、ベビー服デザインからきたもので、寝ているときに縫い目が体に痛みを与えないようにという工夫です。ここまで細かい配慮を行き届かせた高齢者肌着は、当時存在していません。デザインの工夫だけでなくサイズの考え方も従来にないものでした。標準的なS、M、Lという単純な分け方ではなく、身長と胸囲を掛け合わせた16種類ものタイプを用意す

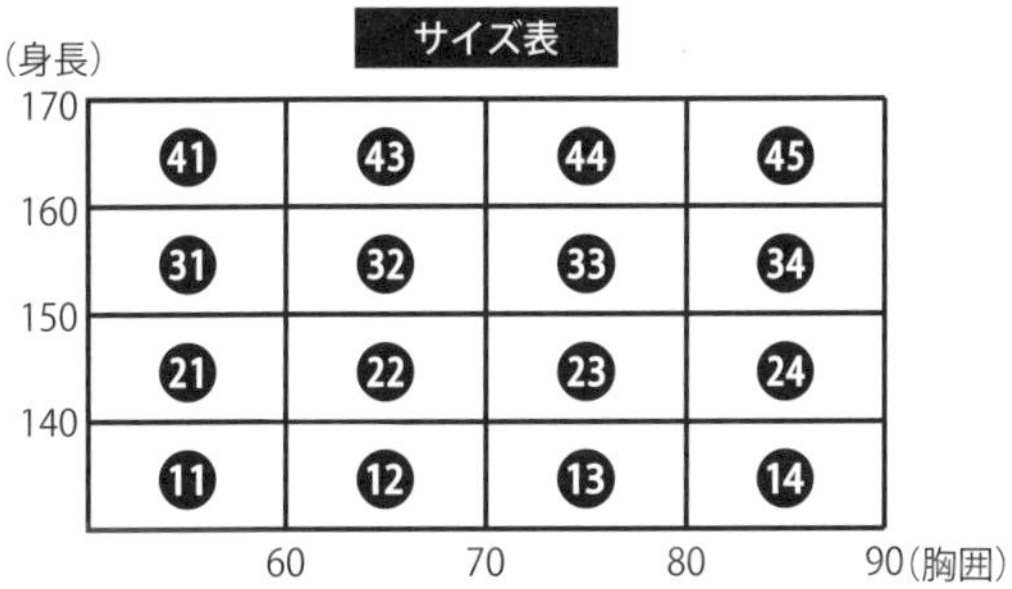

ることにしたのです。小柄だが太っている、背は高いが痩せている、といった人それぞれの特徴に細かく対応した製品を用意することができました。高齢者は身長が縮んだりあるいは太ったり、体格のアンバランスな変化があり、標準的な体型に収まらない場合が多くなります。それを考慮した細かいサイズ分けで、これも当時の衣料品業界にはなかった配慮です。

その後も太郎は、肌着に始まりパジャマや失禁パンツ、上下続き服、おむつ用ズボンなど、大量に販売できる汎用商品ではありませんが、介護を必要とする高齢者や施設入居者の細かいニーズに合わせて商品の開発を進めていきました。開発の途中で私の意見が求められたり、いいアイデアがないかと相談されたりしたこともあり、私も一緒に考えたことがありますが、私の目にも、顧客の細かいニーズに即したものを考え抜いて作るという姿勢が生半可なものでないことは明らかでした。

例えば、品ぞろえを増やすために、あるとき夏用の半袖の肌着を作ることになりました。アニマルでの子供用肌着の経験がありますから、当然、薄手の生地で作ろうと考えたのですが、太郎は改めて現場の意見を集めてからにしようと、薄手の生地と厚手の生地でそれぞれサンプルをそろえ、老人ホームの職員の意見を聞きにいったのです。すると意外なことに、職員の全員が厚手のものが良いと言い、さらにはそもそも半袖は不要では、と言うのです。実際、入居している高齢者が暑い暑いと口にするのは、7月末から8月初旬のせいぜい2週間程度だということでした。私は初めて聞く話にびっくりしていましたが、横で太郎はさもありなんという表情でした。後日、自宅でのことです。6月末の暑い日でした。当時70歳くらいだった太郎は、ワイシャツの袖をめくり、その下に長袖の肌着を2枚重ねて着ているのを見せてくれて、若いお前には分からないだろうが、年寄りとはこういうもんだ。自分の力でなかなか体が温まらないんだ、と言ったのです。

周囲には、引退してやることがないので、半分は趣味のようにして年寄り用の衣類をいろいろ考えていますなどと説明していた太郎でしたが、とても隠居仕事ではありませんでした。現在、あるいは間もなく介護を必要とする高齢者に潜在している切実なニーズの大きさを直感し、ニーズに応える品を企画・開発して顧客の喜びを広げていくことが大きな事業に育つと確信していたと思います。

太郎はアニマルに続いて2社目となる会社を創業しました。まだまだ終わらない、という強い気持ちがあったと思います。そうでなければ67歳で新たに会社を始めるということはしなかったはずです。

新会社の名前はウェルファンで太郎が自ら考案しました。

施設の寮母の講習会で社会福祉のことを「ウェルファ」と呼んでいたことから、ウェルファのファンであるという意味で名づけたのです。

商品はできたが販路がない

今までにない最高の商品ができたという思いはあったものの、新生ウェルファンの事業は順調というわけにはいきませんでした。当時、ウェルファンのような高齢者ならではの独特の体型や肉体的な機能の衰えに対応した肌着やパジャマなどは大手アパレルメーカーも開発していません。その点、太郎の市場を見る目は鋭かったと思います。しかし、まだウェルファン以外に商品はなく、独自の販売・流通ルートもなかったのです。

太郎自ら販売を始めたものの、売り先は特別養護老人ホーム（特養）などの施設に限定されていました。一カ所ずつ訪問しPRして歩くしかありません。伝手をたどってアポイントを取り商談に持ち込んでも、購入のタイミングが外れていたり、ということがありました。太郎にその知識はなかったのですが、特養は福祉行政の一環であり、肌着なども施設が措置費から一括購入するので、年度末などに予算消化のためにまとめ買いすることが多かったのです。また、施設によって購入の決裁権者がバラバラで、誰と話すべきか、それすら明確にならないということもありました。商品のPRになればと、施設職員の研修会の会場に商品を持ち込んで宣伝をしていましたが、仮にそこで職員に気に入ってもらっても販売にはつながらないのです。

私が東京に移動中の新幹線で、たまたま食堂車のテーブルで向かい合わせに座った男性と意気投合したことがありました。当時の東海道新幹線には食堂車があり、そのとき私は太郎がほぼ一人で切り回している新会社の事業のことなどを男性に紹介すると、男性はテレビ局のディレクターで、16種類のサイズのバリエーションの開発を大変面白がってくれて、ぜひ自分の番組で紹介したいとトントン拍子で話がまとまり、間もなく2日間にわたる取材・撮影を経て、情報番組の5分ほどのコーナーで紹介されました。また、紡績会社の社長に頼んで大手全国紙の新聞記者を紹介してもらい、太郎の高齢者衣料品への取り組み姿勢や開発した商品の特長などについて記事にしてもらったこともありました。テレビのほうは情報がその場で流れるだけで残らないこともあるためか、目立った反応はなかったのですが、新聞記事の反響はすさまじく、会社の電話は2日間鳴り続け、カタログが欲しいという要望は１２００件以上に上り、１００件以上の受注につながりました。高齢者衣料について潜在しているニーズの大きさを改めて実感し、太郎の興したウェルファンが着手した事業の可能性の大きさを確信できたものの会社の事業が上昇軌道を描くということにはなりませんでした。また、同じ地元であるということから太郎の考案した商品を知った社会福祉協議会が施設入居者への歳末見舞品として肌着を採用してくれました。１５０

枚というかつてない数の注文でしたが、安定した販売ルートは依然として見つからないままでした。小売店を含めた独自の流通が未確立であったことが、新会社の事業拡大の大きな壁として立ちはだかっていたのです。

　商品はできた、しかし販売ルートがなく売れない、という状況が続きました。新生会社の売上は年間１０００万円というところでした。当然、太郎が最初に設立し、大分工場で子供肌着を中心に生産を継続していたアニマルの商品の販売先である衣料品の流通小売店や卸会社にも取り扱いを打診しました。しかしはかばかしい進展はありません。

　ただ一社だけがウェルファン設立から３年が経過した１９８５年、太郎の開発した商品を高く評価してくれて、当時15点にまで広がっていた会社の全商品を広いスペースで展開する機会を提供してくれました。しかし、それも販売拡大にはつながりませんでした。ただしその卸会社は次善の策として自社の定番商品として販売していた病院用肌着を太郎の商品開発のポリシーで改善して展開してはどうかと誘ってくれて、すぐに開発を進めて完成させたところ月間１００万円、年間で１２００万円ほど販売できるものになりました。

　さらに高齢者用衣料品を扱っている店舗探しを続けるなか、大手ベッドメーカーが在宅で寝たきり老人に対応するビジネスを開始したという情報を得たことから取り扱いをしてもらえるように交渉し、新たな売り場としてスタートさせることができました。その後も、医薬品問屋や薬局など、高齢者の相談先になっているような場所に少しずつ売り場を確保、独自の販売ルートを開拓していきました。

しかし売り場の拡大のための懸命な努力にもかかわらず、売上と経費がほぼ同額という時期が続き、施設や店舗からのリピートオーダーも肌着や寝間着などが1、2枚というものばかりで、事業としては成り立っていない状況でした。売上の急速な伸びが期待できないなか、太郎は事業継続のためには販売価格を引き上げるしかないと判断し、当初施設に案内した長袖シャツの価格は「1枚2000円、50枚まとめると1枚1800円」でしたが、これを1枚2400円に、それでも採算が合わずに2800円、さらには3200円と1年のうちに3回も値上げをすることになりました。しかし、商品に対する期待は根強く販売数量の落ち込みはなく、太郎の新会社は創立から6年目となる1988年に売上3000万円、経常利益800万円を記録、なんとか単年度黒字を達成するところまでこぎ着けました。

初代社長、清水太郎が遺したもの

ようやく黒字化を果たした翌1988年の7月11日早朝、太郎は突然体の不調を訴え、救急車で病院に運び込まれました。すでに意識不明の重篤な状態となっており、医師の懸命の治療のかいなく翌日に他界しました。突然の出来事で、事業について何かを言い置くこともなく、改めて家族に別れの言葉を告げることもありませんでした。35歳で役所を辞して第一の会社アニマルを設立し、67歳で第二の会社ウェルファンを創業し、衣料品メーカーとして事業に心血を注いできた太郎が、私や子どもたちに残したものは小さくありません。

戦後間もなくの好景気に沸く繊維業界に飛び込み、当初の卸から流通革命の到来を見越して量販店と直接取引する子供肌着メーカーに転進して急成長を遂げ、また高齢者用衣料の市場の成長を見越して子供服市場から高齢者市場へとためらわず事業ドメインを変えて進む——時代の先を読み、転進し求められているものに応えていくという革新の志——私はあえて創新という言葉を使いたいと思います――その心は、３代を貫くＤＮＡとして受け継がれてきました。それこそが太郎が晩年に一人で始めた小さな会社を、その後30余年で介護用品・福祉用具の総合卸最大手企業の一角へと押し上げた原動力です。

第2章

主力商品の転換

新たな市場に挑み、会社を成長軌道に乗せる——
高齢者向け衣料の生産に集中した2代目の決断

ウェルファンとアニマルの二足のわらじで

太郎が急逝し、私は従来のアニマルに加え、ウェルファンの舵取りをしなければならなくなりました。当時のウェルファンは本社の事務員一人が受注や在庫の管理をしているだけで、営業は太郎一人という事実上の一人会社です。私もときどき話を聞いたり、意見を求められて感想を話したり、あとは少しでも販路の拡大につながればとアニマルの仕事の片手間で営業の手伝いをするといった程度でした。しかも創業5年目にして単年度黒字にこぎ着けたといっても、在庫が7000万円から8000万円ほど積み上がり、税務上の繰り越し損が5000万円くらいありました。これだけでも1億2000万円以上使っているわけですから、800万円の利益ではどうすることもできません。社内では、ウェルファンはたたんだほうがいい、という声が多く、九州でアニマルの工場を任せている役員も、ウェルファンは止めて縫製工場一本に集中すべきだ、という意見でした。介護用品業界もウェルファンは廃業すると見ていたようです。

しかし私はそういうつもりはまったくありませんでした。むしろやりがいがあり、事業の将来性が大きいのはウェルファンだと思っていたからです。

日本の人口動態を見れば一目瞭然でした。

１９９０年時点で65歳から74歳までの高齢者は総人口の7％、75歳以上は同じく5％で、合計12％に過ぎませんでした。ところが２０２０年には65歳から74歳までの高齢者が14％、75歳以上は15％に達し、合計29％と急激に割合が増え、今後もさらに拡大し、２０４０年には合わせて35％に達すると見られていました（国立社会保障・人口問題研究所の資料）。今は高齢者の占める割合が小さいから事業規模が拡大しないだけで、将来、確実に市場は拡大すると思っていたのです。逆にアニマルのお客様である子どもの数はどんどん減っていきました。第二次ベビーブームでは毎年２００万人を超えていた出生数が１９８９年には１２５万人まで減少、その後も毎年減少が続き、予想を上回るペースで減り続けていきました。実際２０２２年は80万人を下回るといわれています（厚生労働省資料）。数字だけでも、子供肌着のアニマルと高齢者衣料のウェルファンのどちらに可能性があるかは明らかです。

ただしベビー服は特別な事情があります。購入するのは親だけではなく、祖父・祖母が男親、女親のそれぞれにいるから4人です。そのため、確かに出生数は落ちていくけれども市場としてのある程度の規模は残っていきます。

今後拡大する高齢者市場を対象にしたウェルファンは絶対になくさない、むしろ長期的には投資を拡大していく、一方で子供衣料市場を中心に事業を進めるアニマルはこれまで以上に大きくすることはしないが現状を維持し、ベビー服の生産には力を入れつつ堅実に経営していく。私は二足のわらじを履くことを基本方針にしていました

ついにヒット商品誕生

ウェルファンを引き継いだ私が最初に取り組んだのは、販路の拡大のためのアイデアとして太郎が亡くなる1年前に熱心に取り組んでいた、ゆうパック企画です。当時の近畿郵政局（現在の日本郵政近畿支社）を相手に太郎が交渉し、実現寸前にまでいっていて残念ながらもち越しとなっていました。

ゆうパック企画は、各郵便局が民間の宅配便に対抗して小荷物の取り扱い拡大を狙って考案したもので、来局する顧客に地域の特産品や季節にふさわしいプレゼント品などが載ったチラシを見せて、実家や知人友人宛に贈りませんかと誘うものです。局内に置かれた申し込みチラシに贈り先など所定の事項を記入すれば、あとは郵便局を通して業者に依頼が届き、業者から荷物が発送されます。

この贈り物の候補に私の会社の肌着を入れてもらうというもので、幸い近畿郵政局の理解もあり、実現することになったのですが思ったように注文は入らず、チラシ作成費用や梱包・発送の手間もあり、利益にはつながりませんでした。その後近畿郵政局から都市部で開発された商品を敬老の日にふるさとに住む両親や祖父母に贈るという企画にすれば良いのではないかと提案を受け、ちょうど会社では防寒チョッキなどを作っていたのでそれをプレゼント品にすることで再挑戦することになり、これはヒットして大きな売上につながりました。

ゆうパック企画は私の会社の商品の新たな販路になると感じ、防寒チョッキ以外のプレゼントの好適品を作ることを考えました。毎週のように百貨店の売り場を歩き、上限価格は2500円くらいというデータを念頭に何か良いものはないかと探しましたが、なかなか見つかりません。困ったなと思っているときに目に入ったのが、羽毛の肩当てでした。かさ張らないし、気の利いたプレゼントになります。ただし、価格が1万5000円もしていました。衣料品製造をしているアニマルがもっている合繊素材を使ったらどうかと考え、探してみるとアクリル繊維の裏起毛素材があり、うってつけと分かりました。間もなく軽くて暖かい肩当ての試作に成功し、グリーン1色の展開でゆうパックのクリスマス企画として防寒チョッキに替えて試したところ大きな売上となり、次年度に向けてエンジ、グレー、ベージュを加えて4色展開としました。

肩当てはのちに会社創業以来の大ヒット商品に発展します。広告に起用した双子の長寿姉妹、きんさんぎんさんの効果でした。

当時二人は、ある企業のテレビコマーショルに起用され大人気になっていて、もちろん私の記憶にもありました。新しく追加した新色のサンプルが出来上がってきて見ていたときに、合成繊維でしたので太陽光の下で反射してベージュが金色、グレーが銀色に見えたのです。ある晩、目が覚めたときにきんさんぎんさんに着せたらよく似合うだろうなと思いつきました。太宰治の『富嶽百景』にある「富士山には月見草がよく似合う」の文章をもじって「きんさんには金色、ぎんさんには銀色がよく似合う」というフレーズまで一緒に思い浮かびました。

翌朝、午前9時の始業を待ちかねて営業社員に連絡し、なんとかして二人と交渉するように言って名古屋まで行かせました。大手の広告代理店を使えば話は簡単かもしれませんが、巨額になることは間違いありません。なんとか直接交渉で話をまとめたいと思いました。なにしろ私の会社は貧乏会社ですから、ごく限られた広告予算しかありません。幸いこちらの熱意が通り、直接契約を結ぶことができました。

これできっと大きな話題になる。売れると思いました。

ただし一つだけ誤算がありました。二人が肩当てを羽織った姿を撮影してチラシを作り、郵政局に許可をもらおうとしたとき、近畿郵政局は喜んで本局に上げてくれたのに、本局では当時二人があまりにも有名になっていたためか、利用不可という結論を出しました。すでに材料も仕入れ、工場の縫製計画にも入れていましたから引くに引けません。決して太くはない介護ショップルートでの販売に切り替えました。さすがに二人のキャラクターの力か、売上は順調で、その年の売り上げは、前年までの7000万円から一気に1億2000万円に拡大しました。きんさんぎんさんの肩当てをきっかけに、当時300店舗ほどだったお客様の数が1年後には800店舗まで拡大する大きな成果も得られました。

売り場が成立するだけの商品をそろえる

きんさんぎんさんの肩当てがヒットしたのが1992年で、翌年にも次なるヒット商品の開発に成功しました。

私があるメーカーの営業社員に同行して失禁パンツ（吸水帯を内蔵したパンツで通常の下着のように自宅で洗濯して繰り返し使える）の営業に立ち会ったときです。営業社員は婦人用失禁パンツ1点を薬局に販売しようとしていたのですが、バイヤーから「商品1点だけ持ってきてもらっても売り場は作れない。ある程度の面が確保できる商品数にならないと売れない」と断られてしまいました。私はやりとりを横で聞いてバイヤーの言うとおりだと思いました。店舗の立場で考えれば、ある程度の棚や面が取れなければ売り場になりません。1点だけでは置き場所が作れないのです。

私はいいヒントがもらえたと思い、ニーズに合わせた失禁パンツの開発を、それらを面として展開できる商品ラックの製作と合わせて進めました。

失禁パンツはもともと太郎が作ったものがあり、大幅にリニューアルする形で開発を進めました。男性用・女性用はもちろん、軽失禁・中失禁・重失禁の3タイプに分け、それぞれにS・M・Lの3サイズを用意しました。この結果、男女それぞれに9タイプが用意されることになりました。中失禁・重失禁には消臭・吸水性能の優れた吸水ポリマーを使うなど高い機能性をもたせました。そしてこれらの商品すべてを見やすくレイアウトできる専用の家具を製作、ポップも付け、商品とともに各店舗に納められるようにしました。すべてを通して4カ月くらいを掛けた開発でした。

専用什器が付属しているので店舗側としても新たに棚にスペースを取ったりする必要がなく、どこでも空いた場所を使って商品が展示販売できます。商品そのものはもちろん、この売り方への配慮も非常に好評で、きんさんぎんさんの肩当てで大きく広がっていた取引先のほぼ全店に受け入れられました。初年度だけで7000万円の売上を達成し、その後もコンスタントに1億円から1億2000万円を売り上げるヒット商品に育ちました。

新たな流通ルートを開拓するためには、商品の善し悪しだけでなく、いかに店舗がストレスなく売り場を確保できるかに対する配慮が欠かせないということは大きな学びでした。肩当てのヒットと失禁パンツのヒットで、私の会社は年間2億円の売上を計上することができるようになりました。先代社長の太郎から引き継いだときが年間売上3000万円の規模でしたから、その後の5年間で事業規模を約7倍まで拡大することに成功しました。

アニマル立て直しを現地で進める

アニマルは新たに取り組んだアウター衣料などの新規の企画・生産や海外からの受注生産による売上に波があり、一時の赤字基調は脱したものの安定経営にはほど遠い状況でした。そこにきて、長年九州現地で責任者として工場を動かしてきた幹部が退職することになり、いよいよ経営の安定が大きな課題として浮かび上がりました。

私は九州の工場近くに転居しなければこの会社の強化はできないと思い、家族会議を開いて私の方針を伝え、それぞれがどうするか、考えてもらうことにしました。私たち夫婦には4人の子どもがいます。当時長男は高校1年から2年に進級するところで、次男は中学を卒業して高校に進学するタイミングでした。長女は小学生から中学生に、三男は小学校3年から4年に上がるときです。まだ義務教育を受けていた下の二人は九州に連れて行くことにしましたが、上の二人は自分で判断して決めればよい、家もこのままあるし私の母も元気だから食事など身の回りの世話はできる、と伝えました。しかし二人は迷わず九州に行きますと結論を出し、結局、家族そろって九州に転居することになりました。

九州の工場に行ったといっても、ウェルファンの仕事もありましたから、月に1回くらい工場を回って現場の責任者と議論し、あとは責任者に任せるという日常です。

アニマルの経営上の大きな問題は赤字を計上し続けているアウター部門をどうするかでした。私が着任する直前も、年間で3000万円～4000万円の赤字を出していました。しかしこの問題は労せずして解決することになったのです。アウター部門の責任者が「退職して独立したい」と申し出てきたからです。まさに渡りに船でした。在庫を簿価で引き取ってもらうことを条件に、アウター部門の社員ともども、新会社に移籍してもらうことにしました。

悩みの種であったアウター部門の問題が片付いたあとは、生産ラインを安定させるために生産計画と営業管理を連動させることに力を注ぎました。当時工場には１５０人くらいが就労していたのを20ラインくらいにまとめて営業が求める生産納期に間に合うようにそれぞれ生産計画を立てました。これによって生産も材料もロスなく回る基本的な組み立てができました。

九州に赴任して3年くらいで工場経営は安定し、ダイエーや通販最大手企業などに納める肌着をメインにウェルファンの商品の一部も含めて自社製品の生産が全体の7割、他メーカーの下請として生産するものが3割という比率でした。実際現地に生活の拠点も移し、工場を担当する役員や工場従業員とのコミュニケーションをしっかりと取ったことで九州工場の立て直しはほぼ満足のいく形で完了し、経営も落ち着きました。九州への赴任は４年で区切りを付け、家族ともども１９９６年には大阪に戻りました。

ウェルファンもきんさんぎんさんの肩当てと失禁パンツのヒットで、まだまだ少ないながらも安定した売上と８００店ほどの顧客をもつことができ、一方でアニマルもベビー・子供実用衣料という得意分野に事業領域を絞り込み、これに加えて夢を育てるような商品を企画すればさらに売上を伸ばしていけるのではないかと考えていました。太郎が急逝してから8年、太郎が遺した二つの会社をなんとか前に向けて引っ張っていける見通しが立ちました。

先代の理念を明文化して継承

この当時、私が2社の経営を進めるなかで、どうしても取り組みたいと思っていたことが二つありました。

一つは社訓を制定することです。

当時、アニマルにもウェルファンにも、社訓や企業理念はありませんでした。しかし、2社の創業者である父清水太郎に、事業を通して何を実現するのかの思いがなかったわけではありません。私は太郎急逝後数年の慌ただしさを脱したとき、ぜひ父の思いを私が信じるものと重ね合わせながら言葉にして、従業員にも明示したいと思いました。

太郎の信念は、商売で満足いただければ営業の必要はない、と口にしていたことに示されるように、事業はただお客様の満足のためにある、ということでした。お客様のニーズをしっかりとらえていないから、市場を探し、購入を説得しなければならなくなるのです。私も自社の製品からではなく、お客様から出発せよという考えに深く共感するものがありました。これこそ事業をするものが心得として胸に刻むべきことです。私が敬愛するドラッカーも著書でそのことを語っています。

「企業とは何かを決めるのは顧客である。なぜなら顧客だけが、財やサービスに対する支払いの意志を持ち、経済資源を富に、モノを財貨に変えるからである。しかも顧客が価値を認め購入するものは財やサービスそのものではない。財やサービスが提供するもの、すなわち効用である。企業の目的は、顧客の創造である。したがって、企業は二つの、そして二つだけの基本的な機能を持つ。それがマーケティングとイノベーションである」

「マーケティングの理想は、販売を不要にすることである。マーケティングが目指すものは、顧客を理解し、製品とサービスを顧客に合わせ、おのずから売れるようにすることである……『われわれは何を売りたいか』ではなく『顧客は何を買いたいか』を問う」

「マーケティングだけでは企業としての成功はない。企業が存在しうるのは、成長する経済のみである。あるいは少なくとも、変化を当然とする経済においてのみである。そして企業こそ、この成長と変化のための機関である。したがって企業の第二の機能は、イノベーションすなわち新しい満足を生み出すことである」（以上いずれも『マネジメント 基本と原則［エッセンシャル版］』p.17〜18 ダイヤモンド社）

私はドラッカーの言葉に深い感銘を覚えました。さらにそこに私の倫理基準である「誠実さに徹すること」「素直な心で自分を、また仕事を見つめること」「チームワークを重んじること」の三つを組み合わせて、次のような社訓をつくりました。

私たちウェルファングループは、五つの規範にのっとり、会社に関わるすべての人が豊かになることを目指します。

一つ　お客様に感謝し、より良いモノ作りに励みます

一つ　チームワークを基本に、活気ある職場づくりを目指します

一つ　改善工夫を重ね、効率よい仕事を創ります
一つ　素直な心を持ち、自分自身の向上に努めます
一つ　誠実な仕事に徹し、社会に貢献できる会社を目指します

在宅営業社員制度を導入

私が2社の経営を引き継ぎ、ようやく落ち着いたときに手掛けたかったことの二つめは営業社員を在宅勤務とすることでした。

営業社員の仕事は顧客対応と自社商品のPRです。毎日本社に来る必要はありません。毎朝午前9時になぜ本社に集まらなければならないのか、仕事が終わっているのになぜ5時まで会社にいなければならないのか、私自身が時間に制約されて仕事することが嫌いということもありますが、わざわざ交通費と時間を使って本社に来て、また本社から帰ることに合理的な理由はありません。

そもそも営業社員の成果はいちばんに顧客情報の会社へのフィードバック、次に顧客の

困りごとへの対応、それが商品であれば適切な商品の提案、販売にあります。この二つは自発的に動かなければ実現できず、外からの力で達成できるものではありません。

ドラッカーも「目標の設定と自己統制（Management by Objectives and selfcontrol）」ということを提唱しています。

「目標管理の最大の利点は、自らの仕事ぶりをマネジメントできるようになることにある。自己管理は強い動機付けをもたらす。適当にこなすのではなく、最善を尽くす願望を起こさせる。……自らの仕事ぶりを管理するには、自らの目標を知っているだけでは十分ではない。目標に照らして、自らの仕事ぶりと成果を評価できなければならない。そのための情報を手にすることが不可欠である。……こうして自己管理による目標管理は、人間というものが責任、貢献、成果を欲する存在であると前提する。大胆な前提である。しかしわれわれは、人間というものがほぼ期待どおりに行動することを知っている」（前掲書p.１４０）

自己管理は目標によってなされるべきであり、目標があることによって初めて可能になるものです。時間で管理できる成果は何もありません。営業社員にもそれを適用しました。東京が勤務地であっても事務所は設けません。その代わり全員にノートパソコンを貸与し、社内に保管されている資料にはどこからでもアクセスできて、参照することができるシステムを構築しました。日報の提出を義務づけて、月1回は営業会議を開き、決算の管理も厳密に進めました。営業会議に合わせ、前日の夜に集合して食事をしながらじっくり話をする機会も設けたので、会議より食事会を楽しみにしている社員も多かったようです。こうして、営業社員には出勤を義務づけず、在宅ベースでの勤務を認める在宅営業社員制度を導入しました。

　営業社員が自己管理をしながら在宅営業を続けるために必要なことは、こうした環境面の条件整備だけではありません。むしろいちばん大切なことは、営業社員としてのやりがいを実感できるかどうかです。やりがいがあるからこそ、会社に強制されなくても自分で目標を立て自己管理しながら活動することができます。社員の管理面で私たちがそういったことを留意した結果、当時まだほとんどの会社も採用していなかった在宅営業社員制度が成功し、今まで引き継がれてきています。成功したのは、やりがいが感じられる環境をつくることができていたからだと思います。

私の会社では営業社員の勉強の機会を積極的に設けてきました。社員たちが、よく勉強している、と顧客から褒められることは、顧客との信頼関係を深め、改めて仕事にやりがいを感じることにつながります。

お客様への訪問の際にはいろいろな質問が飛んできます。質問されても返事ができずにもじもじしてしまう営業マンは成長していけません。仮に分からないことがあっても、その場でメーカーの担当者に電話をかけて確認し返事をすることができなければならないのです。私の会社では定期的にメーカー勉強会を設けてきました。もちろんすべての人との名刺交換も積極的に促しました。卸会社の経営者には自社の営業マンがメーカーの担当者と個人的につながることを警戒して名刺交換をさせない人も少なくありませんでした。営業社員がそれをきっかけに独立して自社のライバルになったら困るということのようです。しかしこれでは営業マンは育ちません。自分が取り扱う商品についてメーカーから直接学ぶだけでなく、誰に聞けば良いかを知り、メーカーとの人脈を太くしていくことが営業マンの武器になっていき、結果として販売店からも頼られるようになるのです。実際、私も必ず出席して半年に一度のペースで勉強会を重ねてきたあるメーカーの部長は「卸の社長が営業社員全員を率いて商品勉強会に出てくれるのはウェルファンだけです。メーカーとしても真剣にならざるを得ません。ウェルファンの勉強会は皆さん目が光っている。脳みそが回転している証拠です」と言ってくれました。

また、私は営業社員に同行する機会を積極的に設け、営業社員とのコミュニケーションの強化を図りました。これは、社員の行動の把握や管理ということだけでなく、私自身が現場でお客様の声を聞いてニーズをつかむ目的もありました。太郎も日頃から、営業がものを生むと言っていました。私もトップが顧客のところを回らなければダメだと考えていたのです。営業社員への同行は、一石二鳥の効果があるので積極的に進めました。年に150件以上、2002年から2004年にかけては3年間で600件くらいです。お客様との関係の強化という意味でも成果がありました。例えばお客様から「今のカタログはしばらく持ち歩くうちに表紙がボロボロになってしまう」という声を聞いたときに、改善の判断は私ならすぐにできます。次号を改良版として出すと、次回訪問時には「もうやってくれたんですね。すごいな」と感謝されました。頻繁に訪問すれば見えてくるものもあり、お客様との信頼関係も深まります。

今在宅勤務は2020年以降のコロナ禍で感染防止の観点から一気に広がり、新しい働き方と称されて定着していますが、私が導入したのは1995年で現在まで30年近く継続しています。コロナだから、という問題ではないのにと、私は不思議な気持ちで報道に接していました。

もちろん在宅勤務導入の過程で、管理が緩いことを利用してずるく立ち回った社員がいなかったわけではありません。人間ですから監督が甘く、強制される行動がなければ時にはサボりたくなり、悪事の誘惑もありますのでその都度厳正に対処しました。自己管理ができない人間は淘汰され、むしろ在宅勤務の良さを活かして営業活動をより高度化できる人間が残り、その力をさらに伸ばしていくことができたと思います。個々の営業社員がきちんと働いているかどうかは日報で大概のことは見当がつきますし、毎月の数字に如実に表れます。友人の経営者から、勤務状況がまったく見えないのによく仕事の管理ができるな、とよく言われましたが、9時に出社して5時に帰るから仕事をちゃんとしていると思うのは逆に管理になっていないと思います。在宅勤務がより快適にできるように社外からアクセスして必要な情報をいつでも入手できるような体制を整備したことは、社内に蓄積する情報の整理と管理の促進の意味でも効果がありました。在宅勤務は単なる営業効率や営業社員の自己管理、あるいは組織による管理の高度化を実現するだけでなく、業務フローをよりシンプルに整え、情報の整理と管理をより高度にしていくことにつながります。

営業社員の在宅勤務に伴って営業社員の売上管理に新たなスタイルを導入したことも、その後の営業風土の改善に役立ちました。

この制度はあるお客様の本社管理部門の担当者A（商品定番の決定権があり、入金管理も実施。すべての支店への納入を決定することもある）と、支店で実際に顧客管理を行っている営業社員B（商品の発注の権限をもち、実際に注文の決定をすることも多い）、さらに納入先の営業担当者C（納品時のトラブル対応やその解決を担う）が売上および粗利額をA：B：C＝20：60：20に振り分ける仕組みです。個々の社員の実績管理や決算管理などはすべてこの考え方に従って進めました。こうすることで一人の営業社員が大きな売上を計上したことが社内でやっかみを招くようなことがなくなり、チームとして喜び合う企業風土が出来上がっていきました。これも営業社員の働き方や評価を改めて考えることから生まれたものです。

直面した構造不況

私は九州でアニマルを立て直し、一方でウェルファンの事業を軌道に乗せ、組織の形も作っていくという2代目社長としての当面の役割を、１９８８年の社長就任後のほぼ10年を費やして、目標どおり果たせたのではないかと思います。

ところが、日本経済は大きな危機を目の前にしていました。

１９８５年のプラザ合意によってつくられた急激なドル安・円高が日本の輸出産業の打撃となり、カンフル剤として日銀がとった低金利政策と政府の景気刺激策、さらに円高による為替差損を回避した投資資金が国内市場に向けられた結果、株価や不動産価格が高騰して空前のバブル景気を招いたからです。そのゆがみが１９９０年初頭から出始めました。異常な高値を付けた不動産価格が政府の土地取引の総量規制などをきっかけに急落し、株価も一気に下がって、バブル経済は崩壊、１９９７年の北海道拓殖銀行や山一証券など、大量の不良債権を抱えた金融機関の経営破綻も相次ぎました。金融機関からの資金供給が滞れば景気は冷え込みます。

アニマルの最大の得意先であるダイエーも経営危機を迎えていました。ダイエーは急速な拡大過程で土地を次々に購入して店舗を建設し、さらにそれを担保に新たな融資を受けて次の土地を購入する手法で業績を拡大していました。土地価格が永遠に上昇を続けていくのであればこの手法も可能ですが、そういうことはあり得ません。実際、地価暴落に伴う担保価値の大幅な低下でダイエーは経営が行き詰っていました。

店舗を開設すれば表面上の売上数字は伸びます。ダイエーの２０００年の売上額は１兆９８０６億円と過去最高を記録したのですが、すでに１９９７年から経常赤字となり、１９９９年には１９００億円という巨額の経常赤字を計上していました。「良い品をどんどん安く」というキャッチフレーズで破竹の勢いで急成長し流通小売り最大手に君臨していた企業も、財務基盤が大きく揺らぎ、安さを武器に勝負のできる経営体質ではなくなっていました。「安くないダイエー」に消費者は魅力を感じません。全店舗で売り上げが低迷、当時アニマルは最も依存率が高かった１９７０年代後半の80％よりは大きく引き下げていましたが、それでもダイエーの売上高依存率は約60％で影響は小さくありませんでした。

またダイエーへの依存率の高さが金融機関からの与信獲得にも影響し、その不安払拭に苦労することになりました。ダイエーを潰せば日本経済に深刻な影響を及ぼすという政府の判断から産業再生機構による再建が最終決定し、丸紅さらにイオンの手による再建へと進んだことは知られているとおりです。

ダイエーの危機と同時に、当時のアニマルはもう一つの危機に見舞われました。それはダイエーに次いで大きな取引先であった通販最大手企業との関係です。

１９９０年代に入り、分厚いカタログを無料配布して注文を受け付けるカタログ通販ビジネスが大きく成長しました。この企業も１９９０年代前半に通販会社として初めて年商２０００億円を突破、最大手企業として業界をリードしていました。アニマルも１９８３年頃から取引を開始、売れ数に応じて生産を調整して納入する対応が高い評価を受け、年々取引が拡大し、１９９０年代後半には約2億円の売上がありました。

ところが、低価格を売り物に成長してきたこの会社は、すべての取扱商品を中国生産品に移す方針を採用したのです。

１９８０年代に入って積極的な経済開放政策に転換した中国は、海外からの投資を積極的に受け入れるようになり、土地の安さや低賃金で大量の労働者の存在などを武器にした「世界の工場」への歩みを強化していました。折から日本ではプラザ合意以降の円高不況に見舞われ、低価格の輸入品に対抗するため徹底したコスト削減が求められたことから、海外生産へと大きくシフトしていきました。その流れが強まったのが1990年代半ば以降です。

典型的な労働集約型産業である繊維産業も、こぞって中国沿海部へと工場移転を進めました。中国で合弁工場を作り生産したものを輸入する施策です。国内に比べはるかに低コストでの生産が可能であり、輸入には円高の恩恵もありました。1993年頃の報道だったと思いますが、日本の縫製工が約35万人であるのに対して、日本から輸出されるミシンの数がすでに年間35万台に達しているという報道がありました。大変な勢いで中国の縫製業が伸びていたということです。経済産業省の「日本企業の海外進出状況」というレポートを見ても1991年からの5年間だけで繊維産業の約100社が現地法人を設立していると報告されています。

私自身も中国での繊維産業の製造基盤が急速に整備されていることを実感させられたこ

とがありました。１９９４年頃だったと記憶していますが、介護衣料の新製品のサンプルを作る必要があり、日本で段取りを付けたところ、付属品の手配も含め１カ月くらい掛かることが分かりました。そのときたまたま中国に出張する社員がいたので、その元見本を託し、どの程度でできるか調べてくれと頼んだのです。すると驚いたことに、その社員が一週間ほどの出張から戻るとすでに型見本を携えていたのです。中国の製造体制はここまで整備されているのかと驚きました。

カタログ通販大手の得意先がすべての取扱品を中国生産品に、という決断をしたのも、低価格路線を貫くための経営者の判断としてうなずけるものがありました。

この会社の担当者はアニマルとの取引を継続したいという意向から私の会社が中国で生産できると思われる商品の購入をあらかじめ約束してくれました。しかし私は辞退しました。今後も継続されるであろう低価格指向についていくのは難しいと思われたこと、より根本的には繊維メーカーとしての将来に私自身が展望を見いだせないことがあったからです。

１９９０年代の後半、私は堺屋太一氏の講演を聴きました。

堺屋氏はこう話していました。

「世界の歴史を振り返ったとき、産業革命以来の約200年で、世界人口約60億人を支える工業生産国は、アメリカに2億人、ヨーロッパに2億人の計4億人でした。1900年には八幡製鉄所を完成させた日本の1億人がここに加わりました。その後ようやく1985年になって韓国、台湾、香港、シンガポールの1億人が加わり、工業国人口は6億人になりました。ところがその後の経済発展のスピードは極めて速く、わずか10年後の1995年には中国沿海部の4億人が一気に加わり、それも最新鋭の機械が先進国から持ち込まれ、低コストの極めて優秀な加工基地に変身しました。中国は単に労働集約型経済の延長で巨大な人口にものをいわせて世界の仕事を取り込んでいったのではなく、資本集約的な設備をそろえて一気に自国の労働者を集めたのです。ですからこれからも製造業に力を発揮し続けるでしょう。そして人と物の流れがこれほど自由になった今、工業に身を置く人の生活レベルは平準化され、日本の製造業に従事する人の生活レベルは中国のそれと同じになるという覚悟をしないといけないのです……」

講演を聞いたとき、果たして日本の繊維製造業に未来はあるのかと改めて考えました。日本の繊維産業に従事する経営者は「儲からない、全然ダメだ」と愚痴をこぼすばかりで、現状の分析も有効な対策ももち得ずにいました。「儲からない」背景にあったのは構造的な問題です。経済の自由化、グローバル化が進むなかで国際競争は激化し、生産コストがどんどん下がっていました。他方大量生産・大量消費型の経済は終わり、製造場面でも受注ロットは小さくなっています。そのため生産ラインの立ち上がりに伴うロスを吸収することが難しく、赤字が出やすくなり、大きく儲ける余地はもうなくなっていたのです。これは一企業一工場の経営の問題を大きく超えています。しかしここまで踏み込んで考えなければ、経営者として次の一手は出てきません。私自身、このままアニマルの事業を継続するのは難しいという判断に傾いていました。

二足のわらじを脱し、一本に絞る

アニマルに展望が見いだせない一方で、私はウェルファンの事業には大きな可能性があると考えていました。1992年から4年間九州に赴任し、経営者としての私の軸足がややアニマルに移っていた間にも、少子高齢化が急ピッチに進んでいました。高齢者の介護をどうするかという問題は、財源の問題にとどまらず、誰が介護するかという担い手や社会制度設計全体の問題へと広がり、解決への取り組みはいよいよ待ったなしの状況になっていました。それが1997年の介護保険法の成立（2000年施行）となるのですが、スタートは1989年の竹下内閣時代の消費税の導入でした。一律3％を課税する大型間接税の新設は「今後の高齢社会に向けた介護の充実」を名目として実施されたものです。実際、目標をいかに実現するかという指針を示すものとして「ゴールドプラン」が公表されました。これは当時の厚生省・大蔵省・自治省の大臣が高齢化社会を迎えるにあたって、国民が健康で生きがいのある生活を安心して送ることができる社会になることを目的として制定したのです。1990年からの10年間で6兆円以上の予算を掛けて在宅福祉の体制を整備するとして、ホームヘルパーを10万人、デイサービスを1万カ所、ショートステイを5万床、特別養護老人ホームを24万床、老人保健施設を28万床とするなど、具体的な目標値を設定していました。

国民に抵抗感の大きい消費税導入をスムーズに進めるためのアドバルーンの側面があっ

たとはいえ、高齢者介護に目標を絞った長期プランを示したことは世界的に見ても画期的なことでした。それまでは福祉という弱者保護のための政策しか存在せず、社会福祉法に基づく老人福祉策の一環としての特別養護老人ホームしかなかったところに、特別養護老人ホームの拡充と並んで老人保健施設（社会的入院といわれていた老人病院から自宅復帰のための中間施設）が制度的に創設され、中学校区に一つの在宅介護支援センターも設置されることになったのです。

その後1993年には「福祉用具の研究開発及び普及の促進に関する法律（福祉用具法）」が成立・施行され、1997年の介護保険法につながっていきます。

介護保険制度は高齢者全員が加入し、必要と認められたさまざまなサービスを低価格で受けることができる制度です。従来の介護が必要な高齢者へのサポートは自治体による社会福祉法、老人福祉法に基づく行政措置として続いてきました。国による措置ですから、無料である代わりに必要最小限のサービスが厳しい適用基準で狭い範囲の人に提供されるというものです。しかし介護を必要とする高齢者の急増が予測されるなか、従来の福祉の観点からの行政措置では到底必要な量と質の介護サービスが提供できないということから、高齢者が全員加入する独自の財源をもった保険制度として整備されることになったものです。この新たな提供サービスのなかに、介護を必要とする人の日常生活や機能訓練をサポートする福祉用具の貸与や販売を支援するものがあり、そのレンタルや購入が、一定の限度額の範囲で定価の1割を自己負担するだけで可能になるという制度があります。これにより、福祉用具の市場が大きく形成されることは明らかでした。しかも、負担割合の少なさから、高額の商品が売れ始めることも予想されていました。実際、介護保険制度の円滑な施行を目指してモデル事業（介護保険制度導入による影響調査）が全国10都道府県で実施され、それが明らかになりました。このモデル事業は、介護保険制度が実施を想定していたサービスと同様、福祉用具の購入に関して9割の公費助成が行われるというものでした。モデル事業で明らかになったのは、ポータブルトイレにしても杖にしても、より高いものが売れるようになったということです。介護保険制度施行後にあるメーカーの事業部長から聞いた話でも、制度開始前後でポータブルトイレの販売台数に変化はないが、かつては1万円以下のものばかり売れていたものが、2万円、3万円、5万円の品が売れるようになったと言っていました。

いよいよ介護保険制度施行という、これまでの日本が経験したことのない時代が始まり、福祉用具を多くの要介護高齢者が身近なサービスとして当たり前に使うようになり、しかもより高額のものが流通するようになることで、福祉用具市場は爆発的に拡大していくことが明らかになっていたのです。ウェルファンにはとてつもなく大きな追い風になると私は思っていました。

それを改めて気づかせてくれた出来事がありました。

介護保険制度のスタート2年前の１９９８年、ある福祉用具事業者で構成する団体の勉強会に出たときのことです。たまたま隣に座った介護用の靴メーカーの社長と意気投合して話をするうちに、自社の得意先で紹介したい人がいると言われ、医療分野でさまざまな事業を展開している大手企業の役員に会いました。この会社は私も名前をよく知る医療事務職の教育では日本一と言われている会社です。厚生労働省をはじめ国の機関との関係も深く、当時国は介護保険制度の施行を前にケアマネージャーやヘルパーの人材育成を喫緊の課題として進めていました。施行が間近に迫っているのに、現状では人材が足りないのではないか、間に合うのかと国会でも野党の厳しい追及を受けていたのです。国はさまざまな養成講座を推進、その企業も全面協力していました。そして「これからは介護保険関連でさまざまな大きな市場ができる。わが社はその全分野で10％以上のシェアを獲得し、事業の第二の柱にしていく。千載一遇のチャンスであり社運を賭けた取り組みです」という話をしていました。

私は改めて時代が大きく動こうとしていることを感じました。厚労行政に最も近いところでその動きを敏感に感じている会社が、会社の未来を賭して挑もうとしているのです。介護保険制度が始まるということは、関連業界にそれほど大きな地殻変動をもたらすものなのだと改めて実感しました。

もう二足のわらじではだめだ。ウェルファン一本に絞ろう、と決断しました。「これからは100％ウェルファンに注力する。アニマルは現状維持でいく」と幹部社員に話したのはその翌日のことでした。

大分工場の縮小に着手

ダイエーの苦境、大手カタログ通販専業の中国シフト、そして繊維産業を取り巻く国際競争の激化と日本経済全体を包み込む構造的不況……私はアニマルの大き過ぎる設備と人員の縮小と事業を不拡大とする方針を決めました。先代社長が一念発起して立ち上げた会社であり、ここまで大きく育てるために大変な努力をしてきたことは間近に見ています。しかし決して一時期の低迷とはいいがたい外部経営環境の大きな変化を考えたとき、創業者への過剰な思い入れは、むしろ倒産というような最も避けるべき結末につながりかねないと思いました。当時稼働させていた大小合わせて5工場のうち思い切って4工場を閉鎖、1工場のみを残し従来どおりのベビー・子供実用衣料の生産とウェルファン製品の生産を続けることにしました。

工場の部分閉鎖については「将来倒産の憂き目を見るよりは縮小もやむを得ない」という消極的なものも含め幹部社員全員の同意を得ることができました。難しいのは従業員対策です。外部から生産を受託していたので、閉鎖ギリギリまで生産を継続しなければなりません。一方、解雇通告は労働基準法の定めるところによりどんなに遅くても30日前にしなければなりません。解雇通告を行った途端にストライキを含む労働争議になったり、従業員が欠勤するといったことになれば生産に支障が出ます。縮小の計画は幹部社員以外には厳密に秘匿し、１カ月前に通告しました。幸いなことに、全従業員が翌日以降も平常通り勤務に就いてくれ、生産の継続に混乱を来すことはありませんでした。

あとで聞けば現場従業員のなかからは労働争議に持ち込もうという話も出たようです。しかしそれが元アニマル従業員の評判を落とせば、地元での再就職時のハンディとなる可能性もあり、ここは「会社の事情を理解した従業員は全員が整然と業務を果たし、会社に迷惑を掛けることなく幕を引いた」という評判を得たほうが良いという意見が大勢を占め、事を荒立てずに、という方向でまとまったそうです。実際、全従業員が再就職を果たすことができたとも聞き、私も改めてほっとしました。

最初の工場閉鎖は２０００年の5月です。同じ年の8月に別の工場を部分縮小し、さらに10月、12月と一つずつ工場を閉鎖し、２０００年のうちに１工場（従業員約40名）を残して閉鎖を完了しました。

アニマルの不拡大方針表明と2年後の完全閉止

介護保険制度のスタート後、高齢者介護関連の市場は急速に拡大していきました。対照的にアニマルが残したベビー・子供実用衣料の市場は、人口動態予測が示していた未来図どおりに年々縮小していきました。そのなかでもアニマルは健闘し、年間売上6億円に加えウェルファンの自社商品の製造で2億円、合計8億円程度を売上げ、利益も５０００万円ほど上げていました。他方ウェルファンは市場の大きな可能性は感じながらも現実にはまだ稼げていません。

将来予測と現状にギャップがあり、決断は簡単ではありませんでした。しかし私は工場の縮小に続いて、アニマルの事業を不拡大とする決断をしました。新たに受注拡大のための営業活動はしないということです。営業活動を強化することによって貴重な経営資源（私の時間）を取られることに我慢ならなかったということも大きな決断の理由でした。仮にアニマルに展望を求めるなら中国に直接投資して工場を経営するしか道はありません。しかし仮に中国生産に踏み切り、価格を抑えた商品を納めることができたとしても、流通の簡素化がさらに進めば、アニマルが市場としているベビー・子供実用衣料の調達チャネルも量販店のバイヤーが支配することになるのは明らかです。さらなる低価格での納品が求められるか、現地の他工場との価格競争を強いられるか、どちらかです。

実際その動きは強まっていました。

いわゆるＳＰＡ（Speciality store retailer of Private label Apparel：製造小売業）、つまり小売りが製造まで垂直統合させて担うアパレル企業が続々と登場し、ベビー・子供実用衣料の世界も量販店のバイヤーによる量販店ブランドの直接生産という形のＳＰＡが現実となっていったのです。

工場縮小を進めた２０００年から3年後の２００３年、私はアニマルの社員5名を集め、私が理解している経営環境を説明し、今後アニマルのベビー・子供実用衣料の事業については投資的な活動はしない、つまりプリントの柄の開発程度のことはしても、新規の得意先開拓はせず、現状の得意先での事業継続だけをするという方針を伝えました。しかし、現状では黒字が出ているので、収益は皆で分配すればいい、もし事業を継続しようという会社があれば譲渡も考える、と伝えました。そして一人を本社に戻し4人で事業を継続する体制をつくりました。

事業不拡大の方針を決めてからはアニマルについて私が思い悩む必要はなくなり、私はすっきりとした気持ちでウェルファンの事業に専念することができました。

さらに幸いなことに、不拡大方針を決めた同じ年、偶然の出会いからアニマルのベビー部門の譲渡が決まったのです。

過去にある情報交換会で知り合った大学の同窓生に偶然再会し、互いに近況を紹介し合うなかで、今は社長として会社を経営しているこの友人が、最近ベビー服の製造卸事業をやっている会社を購入したという話をしたのです。私はそのときは何も言わず後日こちらから話したいことがあるとも持ち掛け、アニマルのベビー服事業を買わないかと誘いました。予想どおり友人は先に購入した会社の事業との相乗効果が期待できるから購入する方向で考えたいという返事をくれました。ただしアニマルの側に問題がありました。事業継続中のためベビー服の在庫があります。また、継続して取引をしている先に迷惑が掛からないようスムーズに引き継がなければなりません。

そこで私は取引先にアニマルの口座を残し、友人の会社の社員がアニマルの名刺で営業できる形で引き継ぐことにしました。新しい商品は友人の新会社が作り、在庫がなくなり次第口座をその会社に譲るというスキームをつくったのです。別の得意先にも同様のスキームにして、これでベビー服の在庫問題の解決と口座の引き継ぎが円滑に進む見通しが立ちました。

残っていたのは子供肌着の事業とその担当社員です。こちらはベビー服事業の譲渡を進めた2年後の2005年、営業担当社員から、実はダイエーの再建に入った大手商社から誘いを受けていて、私は先方に移りたいと思っています。社長はどう思われますか、という話がありました。私は、転職するのは構わない。ただ在庫はすべてもっていくという条件にしてほしいと話し、引き受け側の商社も了承してくれました。さらに私はもう1点、中国のある工場に対して1億円の発注残があったので1億1000万円で大手商社に買ってもらいたいと依頼したところ、これも了解が得られました。これで子供肌着事業も担当者とともに、在庫を残すこともなく大手商社に事業売却することができました。

工場縮小が２０００年、事業不拡大方針の決定が２００３年、その後２００５年までにベビー服、子供肌着ともに事業譲渡ができて、アニマルはすべての事業を閉じることになりました。

事業譲渡がスムーズに運んだのはベビー服、子供肌着いずれも利益が出ていたからだと思います。また、４人の社員に対しても、会社としての方針や事業の状況について、すべての情報をオープンにして対応してきたことが社員の動きやすい状況をつくり、次の展開につながりました。

これらのことで、円滑な事業売却を進めるためのポイントは何かということについて、私自身の新たな学びにもなりました。アニマルはこの7年後の２０１２年、法人登記上も閉鎖しました。太郎の創業から62年後のことです。閉鎖は、太郎が創業したもう一つの会社であるウェルファンを介護保険制度のスタートという経営環境の巨大な変化に即応し一気に成長軌道に乗せるために不可欠な戦略でした。

第3章

業態の転換

メーカーから再び卸へ——顧客が望むものを迅速に届けるために卸業に回帰

卸業の必要性を痛感

２０００年の介護保険法の施行により、福祉用具販売の市場は一気に拡大するという予感はありました。少子化に伴うベビー・子供実用衣料の市場縮小に対して、こちらが拡大していくことが明らかであるからこそ、２０００年に４工場閉鎖、２００３年にアニマル営業不拡大の表明、そして２００５年にアニマル営業売却を実行し、高齢者、特に介護を必要とする高齢者を顧客とするウェルファンの事業一本に絞るという事業ドメインの転換を進めました。

しかし、ウェルファンの事業をどのように伸ばしていくのか、その戦略はまだ見えていませんでした。当時、高齢者用衣料メーカーとしてウェルファンがもっていた商品は太郎が開発した第一号商品である高齢者用の肌着や、きんさんぎんさんで大ヒットした肩当て、品ぞろえを強化した失禁パンツなどを中核とした15点ほどの高齢者用衣料品を自社で製造販売していました。

しかし介護を必要とするような高齢者の数はまだ少なく、しかも介護保険制度が施行されるまではその存在は家庭のなかに埋もれていて、まとまった市場を形成することはありません。専門の小売店が存在するわけでもなく、大手量販店の衣料品売り場の一部や薬局などの片隅に小さな売り場が存在していた程度です。専門の卸会社もありましたが、規模は小さくごくわずかな販売先をもっているだけでした。

山陰地方への営業社員とともに車で回っていたとき、商品を納めている小さな小売店を出てまた次の小売店へと車を走らせていてあまりにも非効率だと感じたのです。私はこのスタイルで高齢者衣料品の製造販売をいつまで続けてもダメだと思いました。当時、介護用品関係で最大手といわれていた卸会社はカタログ卸事業で店頭に在庫をもつ形ではありません。カタログは商品説明も丁寧とはいえず食堂のメニューのようなあっさりした内容で一度買ったことがある人なら注文できるかもしれませんが、初めて選ぶ人が見てもとても買いにくいと思いました。ウェルファンの肌着も在庫をもたずに、売れたものを1点、2点と補充するという形でしかありません。そのたびに梱包して発送していました。手間が掛かり当然発送料ももらっていました。

サプライチェーンで肝心になるのは密度です。一定の商圏にある需要の密度によって一商品単位を動かすコストが上がったり下がったりするわけです。北海道にあるコンビニと東京山手線にあるコンビニでは運営コストがサプライチェーンの面では変わります。最たるものが介護用品の流通マーケットで介護用品のユーザー人口が少なかったうえに、全国津々浦々に散在していてまとまった需要として存在していない実態があったからです。その人々から発生する本当にまばらな需要に対して物品を供給するのはどうしても非効率になってしまいます。

こうした密度を上げることがサプライチェーンの充実につながるのです。

私たちの会社は肌着と失禁パンツのほぼ専業といっていい事業展開でしたが、その需要をつかまえているだけではサプライチェーンの密度は上がりません。しかし、同じ介護施設や同じ顧客から肌着やパンツ以外の需要もとりまとめれば密度は上がり、商品一つあたりの流通コストは下がっていきます。これは卸という事業のもつ本質的な役割です。一メーカーが自社製品の配送方法を工夫したり送料を上げたり下げたりしても、流通の本質的な弱さ――散在している需要に、小さなメーカーや販売店が個別に対応せざるを得ないという弱さ——卸不在ともいえる状況を解決できなければ、介護関連用品の市場は健全に育ちません。

介護関連商品に必要なのはもちろん良い商品であることも必要ですが、それ以上に商品を流通させる仕組みそのものが大事なのです。しかも今後は介護保険制度が動き出し介護関連商品のニーズが一気に顕在化して、市場が拡大していくのに対応したサプライチェーンの整備、つまり卸の確立は非常に大きな社会的価値をもつことになると思いました。

介護保険制度のもとで「福祉用具」を円滑に流通させるためには、卸の存在は欠かせないものです。これが私たちの会社が高齢者衣料品の製造から卸事業へと転換したもう一つの、そして決定的な理由です。繰り返される「問屋不要論」に対抗して私たちが「問屋有用論」を携えて介護用品・福祉用具の業界に入ったのは、この業界は、卸が存在しなければ成り立たず、卸をなくすことはできないと確信したからです。

介護保険で9割の費用が補助される「福祉用具」には細かい規定があります。そのため国から指定された「貸与事業者」や「販売事業者」以外には扱うことができません。実は、介護保険制度の施行当初しばらくは、量販店などどこで売ってもよいことになっていました。ところが、これは一例ですが、介護保険で９割の補助がある（購入後に一定の手続きをすれば購入時に支払ったお金の９割が戻る）と聞いて量販店で購入したシャワーチェアについて、購入者が行政の窓口で申請したところ、座面の高さが規定に合っていないということで費用補助が却下されてしまいました。量販店などは「福祉用具」についての細かい知識をもっていないので、費用補助の対象商品だと思い込んで売ってしまったのです。同様のケースが全国で頻出しました。このままでは介護保険による福祉用具の購入やレンタルの補助という制度そのものが大混乱してしまうと危惧した国は、２００６年以降、福祉用具の販売やレンタルが扱えるのは国が指定した事業者に限るということにしたのです。

　これが特定福祉用具の流通に大きな影響を及ぼすことになりました。

　指定事業者は全国で７０００に上ります。従業員数人の小規模な事業所が圧倒的に多くなっており、これには理由があります。事業者は福祉用具を必要とする要介護の高齢者に、介護ベッドなどをレンタルしたり、シャワーチェアやポータブルトイレを販売して届けたりします。必要とする高齢者の生活の場所までそれらを運び込まなければなりません。要介護高齢者は都市に集中しているわけではないので、各地で事業を展開するために小さな事業所が数多く必要になります。私の会社と長年取引がある秋田県の貸与事業者が県内に五つもの店舗を展開しているように、都市の中心部に一カ所本店があればいいというようにはならないのです。

小さな事業所は大きな倉庫に在庫をたくさんもつことはできません。そこで求められるのが、小さな事業所に代わって何百社というメーカーのさまざまな商品を在庫として取りそろえ、いつでも迅速に事業所に配送できる卸事業者であり、その存在が物流コストを下げて小規模の事業所の業務を支えているのです。

介護保険制度のもとでの福祉用具の物流は、構造的に卸事業者を必要とし、卸事業者が存在しなければ成り立たないようになっています。私たちはそのことを自覚したうえで介護用品・福祉用具業界の卸として社会的な役割を果たすために、メーカーから転進したのです。

私たちはメーカーであったときも、お客様である小売店のニーズに合わせて他社商品を仕入れて納める、卸的な機能は果たしていました。得意先が増えるにつれて卸事業商品は増え、例えば２００２年時点では自社商品の売り上げが４億円、卸事業商品が２億円という割合になっていました。自社商品の粗利は30%〜45%、卸事業商品は約10%から15%です。これだけを見れば自社商品の製造・販売に力を入れたほうが会社の利益増に貢献できます。しかし、卸として自社の飛躍を図ることこそ今求められることであり、それが市場と業界を育て、私たち自身の成長にもつながるだろうと考えたのです。

臨床医は目の前の一人ひとりを救い、基礎研究や医薬品の開発に従事する医師は数十万人、数百万人を救うことができるのと私たちの取り組みは似ているかと思います。太郎の高齢者用の肌着は着る人に心地よさを届けることができます。さらに介護用品・福祉用具関連市場を支える流通を整備すれば、さまざまなニーズをもった数多くの高齢者に対してさまざまな心地よさを提供する基盤をつくることができます。

私は卸への業態転換を大胆に進め、自社製品で得た利益を卸事業の充実のために積極的に投資する基本戦略を改めて定めました。

靴で学んだ卸のあり方

卸への転進を図るなかで、私たちに介護業界での卸のあり方を一から学ばせてくれたのが、靴の取り扱いでした。そもそも卸は自社製品をもっていません。商材はすべて他社製品です。当然どこでも買えます。「どこから買っても同じ商品を、販売店はなぜ私の会社から仕入れてくれるのか」「直接小売店に売ってもいい商品を、メーカーはなぜ私の会社を通して販売してくれるのか」――これに対する明確な回答をもたない限り、卸として成り立ちません。答えを見つけることができたのが靴の扱いでした。

介護を必要とする高齢者には歩行を助け、転倒のリスクを低減できる靴が必要です。転倒による大腿骨の骨折で長期の入院生活を余儀なくされ、一気に体の機能を奪い二度と自力で歩行できなくなってしまうケースは少なくありません。転倒防止に配慮した靴選びは非常に重要です。

しかし、介護業界での靴の販売は一般の靴の販売とはまったく異なります。

一般の靴は店頭にさまざまなタイプやデザインの品が並んでいて、お客様は気に入ったものがあったら試し履きをします。店頭に並んでいるのは1サイズのみですから、自分の足のサイズに合わないことが少なくありません。サイズを伝えると店員がバックルームから周辺のサイズのものを含めて持ってきてくれて、履いてみて、歩き心地やフィット感などを確かめて購入します。ところが介護用品としての靴の販売はチラシやサンプルを見ただけで選ばなければなりません。バックルームに充実した在庫のある専門店は身近には存在しません。試し履きのプロセスはないのです。

一般の人よりさらにフィット感や歩きやすさが重要であるにもかかわらず、試し履きをしないわけですから、そもそも売り方に限界があります。

届いたものを履いてみたが足に合わない、想像したような履き心地ではない、返品したい、あるいは交換したいということが頻繁に発生します。時間に非常に余裕があれば、効率は悪いけれども返品を受け再送することもできます。ところが、木曜日に受け取ったお客様が、週末に必要だから買ったということであればもう間に合いません。返品が起こることを前提にした流通の工夫が必要です。そこで私の会社では「トライアル出荷」という方法を考えました。注文時に同じ商品のサイズ違いを2、3足注文してもらい、品物到着後、そのうち一足を選んで残りは返品してもらうのです。私たちが豊富に在庫をもち、私たちの倉庫を街の店舗のバックルームのように機能させる考え方です。実現のためには在庫量を相当に増やさなければならないのでコスト増につながるのですが、靴の販売には欠かせないサービスだと考えて実施しました。

しかしまだ問題がありました。左右サイズ違いでほしいという要望への対応です。

高齢者は持病やけが、生活習慣などから左右で足のサイズが異なる人が少なくありません。典型的には一方の足に慢性的にむくみがあるケースです。左右のアンバランスが大きい場合は、どうしても同じサイズでは合わないのです。左足が23㎝、右足が24㎝というようになります。こういうことがあるということを細かく教えてくれたのは高齢者用ケアシューズのトップメーカーの社長でした。このメーカーでは早くから左右別々のサイズで注文できるようにしており、私の会社でも販売店からそうした要望のあるときは、このメーカーの製品を案内してきました。

私の会社が月末の日曜日に開いていた定例の営業会議で、出席していた物流の責任者が左右サイズ違いの靴の返品は今後受けないことにしたいと提案したのです。出席していた私もあまり深く考えずにサイズ違いの靴の返品は不可とオウム返しに出席社員に指示しました。

しかし考えてみると理由が定かではありません。改めて私は、なぜだめなの？と聞いてみました。すると、せっかく組み上げたサイズ違い商品が返ってくると精神的なダメージが大きいという返事でした。

しかしこれは違うと思いました。いよいよ歩きやすい新しい靴が手に入ると楽しみにしていたお客様が試してみたら足に合わず、しかもそれが返品できないとなって無用なものとして目の前に残り続けたら、そちらのほうがよほど精神的ダメージは大きい。だからサイズ違いの返品も例外なく受けよう。うちなら再度組み直して正規の商品にすることもできる——と説明して返品可ということにしました。翌日の月曜日には物流センターの定例会議で前日のいきさつを説明、サイズ違い品の返品は断る案が出たが継続することにしたと経緯を紹介したうえで、お客様はこの返品ができてほっとしていることと思う。この靴の後ろにお客様の笑顔があると思って受付処理をしてほしいと話しました。

靴についてはさらに工夫したことがあります。靴の売上をいかに拡大していくか、営業担当者で話し合いをしたときに、最終的に高齢者に向き合って販売する販売店の担当者が、高齢者用のケアシューズについて十分理解していないのではないかということを感じました、この問題を解決しないと靴の売上の拡大、返品の圧縮は難しいのではないか、ということになったのです。私の会社では高齢者用ケアシューズメーカーと付き合ってきたものの販売の先頭に立つ人に知識が乏しければ、売れるものも売れないのではないかと思ったのです。そこで独自に『靴の取り扱いマニュアル』を発刊しました。

私たちは靴を通して、メーカーから商品知識を吸収すること、エンドユーザーと接する販売員にマニュアルとして提供すること、豊富な在庫をもってお客様の求めるものを的確迅速に提供し、かつ返品にも幅広く対応し、それに柔軟に吸収できる在庫管理システムをもつこと、という卸の基本を学びました。かつて初代社長の太郎が、ウェルファンの最初の自社開発商品となった高齢者用肌着を、顧客のニーズを深く読み取り、身長と胸囲を掛け合わせた16種類を用意したのと同じ精神が貫かれていたといっていいと思います。それを靴という商品を通して卸に適用したとき、私たちは介護用品市場にはなかった私の会社独自の卸のスタイルを見つけることができました。そして「靴といえばウェルファン」という評判を呼び、「靴でできたのだから」という自信をもって私たちがほかの商品の取り扱いに臨んだことによって従来にない卸としての特色を打ち出すことができたのです。

靴への取り組みと並んで当時の私の会社の取り組みで注目を集めたのが「17時受注当日発送」というシステムです。文字どおり、17時までに受け付けたご注文をその日のうちに出荷するサービスです。「ウェルファンはそこまでやるのか」と業界で話題を集めました。在庫品をふんだんにもたなければこのサービスは成立しません。ほかの卸事業者でまねするところもありましたが、長くは続かなかったと思います。その後は、運送会社の事情でトラックが物流センターから出発する時刻を徐々に前倒しせざるを得なくなり、「17時まで」というリミットも繰り上げることになりましたが、販売店に代わって豊富に在庫をもち、迅速に届けることこそ卸の使命だという自覚に立って実行したサービスです。

こうした取り組みの積み重ねが、業界では最後発の卸でありながら「介護用品の卸といえばウェルファン」という評価を得ることにつながっていきました。

工夫満載の「夢ライフカタログ」の制作

卸として具体的にまず何から取り組むべきかと考えて実行したのが、メーカーの情報を販売店につなぐカタログの充実です。

当初はまだ「靴マニュアル」はありません。しかし「食堂のメニューのような」カタログではない、せめてメーカーの開発意図くらいは伝わるカタログを作りたいと考えていました。

介護事業での製品カタログは、一般の消費者が通販を楽しむためにページを繰る読み物的なものとは性格が異なります。これを見るのは要介護者の介護方針を決めるケアマネージャーです。ケアマネージャーが要介護者の状況に合った仕様や機能をもったものを選ぶために参照するので、分かりやすく、かつ見やすく整然と編集されたものでなければなりません。いわば総合事典的なものであるべきで、広告的な要素や表現が強く出れば見づらいものになってしまいます。単純に写真と商品名、スペックが並んでいるだけでは選びようがなく、しかし広告的であり過ぎても使えません。

カタログについては卸事業の中核をなすものであり、改めてしっかりとした編集方針で取り組んでみようと思いました。

約1カ月間、朝から晩まで時間を確保し、基本構想から商品の選定、ページのレイアウト、記載事項、本文テキストおよび使用する文字の大きさまで、どういうカタログであればいいかを考えながら、具体的に作っていきました。メーカーのカタログを読んで分からないところがあれば、直接メーカーに問い合わせたり、来社してもらって説明を聞くこともありました。同じカテゴリーの他社製品と比較したり、とにかく自分の頭の中で納得がいくまで理解に努め、そのうえでそれぞれの開発意図や特長をつかみ、それが一言で伝わるようなキャッチコピーや注釈を付けていきました。

特に気をつけたのは、同じカテゴリーのなかを、単純に価格の順に掲載してよしとしないことです。ほとんどのカタログが、同種の商品であれば価格で分け、安いものから高いものへ順番に掲載しています。しかし、カタログを見て選択をしようとする人にとって、価格だけが基準になるわけではありません。とくに介護保険の適用対象となる福祉用具は自己負担1割で購入できますから、その意味でも価格の違いは大きな選択基準にならない場合があります。また価格順では、その違いばかりが目立って、機能の違いが隠れてしまうこともあります。

　では、どういう並べ方がいいだろうと考えて、例えばシルバーカー（歩行に不安のある高齢者が使う手押し車）のページを作るときには、用途別の編集をしてみました。ほかの卸会社のカタログはまずメーカーごとに枠を取り、そのなかで価格の高い順に掲載していました。しかし、シルバーカーを選ぶ人がまず関心をもつのがメーカーであるとは思えません。自動車なら好みのメーカーが大きな選択基準になることもありますが、シルバーカーではあり得ないことです。そこで私は「ボックス型」「中型のおしゃれタイプ」「杖代わりに使う軽快型」という3タイプに分け、そのうえでメーカー別に並べました。

　この『夢ライフカタログ』は1冊を48ページから64ページとしてフルカラーで２００２年に創刊し、当時の卸会社発行のものとはまったく違う誌面構成になり、話題を呼びました。最後発の卸会社として私たちがどういうポリシーをもって卸事業を展開しようとしているのか、販売店、メーカーのそれぞれに対してその意図を示すものになりました。もともとメーカーというポジションにあった私たちが、今後は卸として事業を進めていくということを対外的に決意表明するものにもなっていました。実際、当時「特定福祉用具」と名づけられた介護保険適用の福祉機器の最大メーカーの事業部長の目にとまり、バリアフリー展示会の会場で「作ったのは誰ですか」と質問されたこともありました。シルバーカーのページの構成や各ページのワンポイントコメントなどがユニークだと評価してもらい、その後私の会社は、そのメーカーのいちばんの販売先となることができました。

カタログを広告事業と位置づけ、掲載料を求め有料で販売

カタログ制作にあたって私の会社は一つの決断をしました。メーカーから掲載料をもらい、販売店への配布時には有料にするということです。

メーカーに掲載料を求めるということは、業界ではすでに行われていました。しかし、

販売店に有料で買ってもらうということには、私の会社の内部にも抵抗感を抱く社員がいました。自社から商品を買ってもらうためのツールなのだから無料が当たり前では、というのです。カタログとは何かと私は改めて考え、カタログ制作とは私たちの会社にとってどういう意味をもつか、改めて定義しなければならないと思いました。

商品を顧客に販売するためには「店頭販売」「展示販売」「訪問販売」「通信販売」といったいろいろな形態がありますが、いずれの形を取るにしても商品を顧客に示さなければ販売はできないのであり、メーカーにとって何万部、何十万部と発行され配布される媒体に自社商品が紹介されることは「広告費」としての対価を払う価値のあることです。有料であることに問題はありません。それで誌面のクオリティが上がれば出稿するメーカーにとってもメリットになります。そもそも私の会社の営業ツールではなく、各メーカーの販売店に対する営業ツールなのです。

しかも販売店の手元に集まるカタログは、私の会社のものだけではありません。さまざまな卸事業者がカタログを配布しています。そのため、私の会社のカタログを見て、ほかの卸会社に発注がいくということももちろんあります。その意味でも、カタログにはメーカーのためにメーカーの商品情報を整理して掲載しているという広告媒体としての意味が小さくないのです。私たちが作るカタログは、自社に注文をもらうためだけでなく、各メーカーがどんな商品ラインナップをもっているかを広く紹介する広告媒体になっているのです。それはカタログユーザーである販売店にも、商品がカテゴリー別に見やすい一覧になっていて探しやすいというメリットを提供するものになります。

カタログ制作は明確に広告制作事業であり、そのようなものとして改めて位置づけ、定款にも追記しました。広告事業という意味では、メーカーを集め、販売店に参加してもらう研修会も同様の位置づけであるといえます。カタログは紙媒体で、研修会はリアルな場で、メーカーと販売店をつなぐ広告媒体の制作事業ともいうことができるのです。

本格カタログ『福祉用具便利帖』を創刊

カタログ制作を始めて2年ほど経過した２００４年、私はカタログをさらに良いものにしていきたいと思い、私の会社として推薦できる商品のみを載せるという方針で全面的に刷新することにしました。

卸事業は単にメーカーの商品を販売店につなぐ機能に限定されるのではなく、最終利用者の声を販売店を通して吸い上げ、それをメーカーに戻しながら、メーカーに対して、より市場のニーズにマッチした商品を開発・提供してもらう大きな流れをつくる役割をもっていると思います。それが介護用品・福祉用具業界全体をさらに発展させていくことにつながるからです。

その意味では、ぜひこの商品を後押ししたいと私たちが考えるものだけを集めたいと考えました。タイトルは『福祉用具便利帖』と名づけました。あえて「便利帳」ではなく「便利帖」としたのは、戦後間もなく名編集人の花森安治さんらによって創刊された家庭雑誌『暮しの手帖』にあやかったものでした。同誌は広告出稿に頼らず企業との中立的な関係を維持するという編集方針を貫き、さまざまな家電製品を中立の立場で徹底的に調査し、客観的に評価した報告記事を連載していたことでよく知られています。一つひとつテストをしようという大それたことを考えたわけではありませんが、メーカーの開発意図を明らかにし、その内容も自分なりに咀嚼したうえで掲載していきたいと考えていたのです。

ただ、その思いはあったものの、膨大な商品のそれぞれの開発意図に触れるにはあまりにもスペースが限られていて、また、各商品の評価も一律にくだせるものではないと気づきました。介護用品・福祉用具は、使う人の運動機能や求めるものによって評価は大きく異なり、一律にここが良いと冊子編集者が決めることはできません。また一つの分野についてもある程度の数が網羅されていることも、そこから一つを探す側からいえば重要なことです。そう考えると、ますますスペースが足りません。

私の思いは別にして、最終的には、ある水準以上のものはできるだけ多く掲載し、その特長を際立たせる努力は継続しつつ、開発意図などはメーカーカタログの掲載ページを併記するなどして参照できるようにする解決策をとりました。

『福祉用具便利帖』はその後、年々ページ数を増やし、発行部数も拡大していきました。第30号となった２０１３年10月の発行号は40万部に達し、その5年後の２０１８年には72万部発行しました。ページ数も当初の２００ページから現在は３６２ページへと大幅に拡大し、Ａ４判、Ｂ５判の2種類を用意し、使い方に合わせて選べるようにしています。メーカーカタログの掲載ページ併記も、ＱＲコードによる商品情報サイトへのリンクに進化し、ＰＣやタブレット、スマホで見ることができる電子版も同時発行しています。

『初めての介護用品』への挑戦

『福祉用具便利帖』が、当初の私の思いとは離れて「選びやすく、注文しやすい」という機能に応える「総合カタログ」になり、利用者に大きな便宜を提供することができました。しかし、私のなかにはメーカーの声も、最終の利用者や販売者の声もすべて知る卸の立場だからできる媒体があるのではないかという思いがずっとありました。そこで営業担当や事務担当、仕入担当などをメンバーにしたカタログ企画会議をスタートさせ、月２回、終日を費やして議論を重ねました。議題に挙げたのは、「カタログ発刊の目的」「現状のカタログの問題点」「カタログ利用場面での問題点」などカタログに関するありとあらゆることです。議論を集約するものとして特に商品選定基準の提供を中心的な目的に据えて『初めての介護用品』とタイトルを付けたカタログを新たに制作しました。これを使うとどういう良さがあるのか、利用者の視点でしっかりとテキストをまとめ、写真のクオリティにもこだわり、メーカー提供写真に不満があるときは編集側で再撮影しました。誌面デザインもあえてホワイトスペースを残した上品な雰囲気でまとめ、必要な介護用品を探すという目的以外にも、最初から１ページずつ読み進めても楽しい雑誌のような作りにしました。

それまでのカタログのイメージを超えた出来栄えに会社内外での評価は高かったのですが、掲載商品がどれだけ売れたかという点では、期待した結果は得られませんでした。カタログとして使う以上、福祉用具貸与事業所の職員やケアマネージャーが、目的の福祉用具をすばやく探し当てることができ、いくつかの候補のなかから選びやすく注文しやすいものであることがまずは求められます。その点では明らかに従来のカタログに及びません。それは織り込み済みだったのですが、１冊の冒険的な試みを通して得られたのは、その実用性に関わる平凡な結論でした。ただし、私はこの制作の議論や編集過程、そして実際に出来上がったものを見て、介護用品への新しい視点を手に入れることができたと感じていました。それは制作に関わったスタッフやこのカタログを手にした読者にも、ぜひ共有してほしい事柄でした。それは私の会社が卸として役割を果たしている介護用品の提供価値に関わることです。

人は誰でも体の機能の衰えによって今までできたことができなくなり、日常生活にも援助を仰がなければならないようになります。それは旅行に行くとか、おいしいものを食べに行くとか、観劇に出掛けるといった楽しみを徐々に失っていくことを意味しています。さらに周囲への依存度が増していけば、料理もできず、介護してくれる人がいなければ食事もできず、食べたくないときでも食べなければならないといった生活に傾いていってしまいます。それを防ぐことができるのが介護用品です。適切な介護用品があれば、ヘルパーがいなくても自分のしたいことがしたいときにできます。自立した生活こそ、楽しく生きるための重要な条件であり、介護用品は高齢者が生きる意欲を取り戻す大きな手段の一つなのです。

私はカタログのあり方を考え、その出発点に立ち戻って議論と積み重ねることで、介護用品の提供価値の大きさと意味について改めて気づくことができました。それはこの業界で卸事業に携わる私の会社の提供価値でもあります。私たちがさまざまな介護用品を開発・販売するメーカーと最終利用者をつなぐ役割を果たすからこそ、高齢者の生き生きとした毎日が可能になるのです。

『初めての介護用品』は単行本として発刊し、書店で販売してもよかったのではないかという意見をくれた知人がいました。それは介護用品と出合って生き生きとした人生を取り戻す高齢者を主人公にした物語を編んだものでもありました。『初めての介護用品』は、当初予定していた第2号以降を出すこともなく休止しましたが、私の会社に大きな置き土産を残すものになりました。

研修会でメーカーと販売店をつなぐ

カタログはメーカーと販売店をつなぐ不可欠の媒体ですが、その情報量には紙幅という限界があります。誌面の工夫で特徴を浮き彫りにしたり、カタログ制作の範囲で工夫を重ねていきましたが、深い情報はなかなか提供できません。もともと販売店はメーカー商品に対して圧倒的な情報過疎という状態に置かれています。介護用品は非常にニッチな世界で新聞やテレビなどのマスメディアを通してB to Cで大量に情報が流れるということがない製品群です。メーカーも小さな会社が多く、その意味でも情報が取りにくいのです。メーカーの技術者や開発担当者から直接話が聞ける機会があれば、販売店にとっても価値が高いのではないかと考え、双方を一堂に集め、メーカーから商品についての説明を受け、質疑ができる機会を研修会として設けることにしました。

研修会を企画するきっかけになったのは、私の会社で事務担当の仕事を見たことでした。まだ卸事業を始めて間もない頃で当時の陣容は営業社員が5人、受電などの事務担当が4人ほどでした。当然、事務担当者は販売店から商品に関する問い合わせを受けます。卸として商品を扱っている以上当然のことです。しかし、まだ若く経験の浅い社員が、専門的な内容を含む問い合わせに十分な対応をすることは簡単ではありません。過去の商品は理解できても、発売間もない商品についての問い合わせに相手が満足する回答を返すことは無理があります。メーカーに問い合わせて改めて回答するという方法もありますが、時間を要し非効率です。問い合わせをしてきた先にも満足を提供できません。実際事務担当者は日々苦労していました。

そこで私はメーカー10社ほどに声を掛けて来社してもらい、社員全員を集めて勉強会を開きました。社員にとっても貴重な機会となり、やはり最も熱心に耳を傾け、質問をしていたのは事務担当の社員たちでした。「非常に勉強になった、以前販売店から受けた質問の意味も分かったし、今後の問い合わせ対応にも自信がついた」という感想を語っていました。また、これとは別の機会ですが、あるメーカーの営業社員が新商品について説明したいと来社したことがあります。先の勉強会にも来ていたメーカーで、そのとき紹介を受けた商品の後継型だということでしたが、旧型品の商品知識を踏まえて聞く説明は非常にクリアに頭に入り、継続的に学ぶことの意義を改めて感じました。

このときに思ったのが、こうした商品勉強会のニーズは販売店にも非常に多くあるはずだということです。一般にメーカーと販売店は、メーカーの特約販売店以外は日常的に親しく行き来するという関係にはありません。逆にいえば、間近でじっくり説明を聞き、いろいろ質問するような機会はほとんどないのです。

できるだけ多くのメーカーを集めることで研修会の魅力を高め、多くの販売店に集まってもらうことを考えました。この研修会の企画・開催もメーカーと販売店の間に立って両者をつなぐ卸の大切な仕事です。

その第一回を２００１年１月に大阪で小さな会場を借りて実施しました。開催には会場費をはじめとして費用が発生します。一部は参加メーカーに出展料として負担してもらうことにしました。

卸事業者がこうした催しを開いた例はかつてありません。どのくらいのメーカー、販売店が集まってくれるのか、企画時点では不安もありました。しかしメーカーに声を掛けると反応は上々で参加申し込みは相次ぎ14社に達しました。一方、販売店からの参加は当日までは予想がつかなかったのですが、60人が参加し、私たちの予想を大きく超える盛況になりました。

メーカー14社にはそれぞれブースを構えてもらい、そこに実際に商品を持ち込んで来場者が実際に手に取ったり、車椅子であれば座って動かしてみたり、自由にできるようにしてもらって、販売店側からのさまざまな質問に答えてもらいました。私の会社の社員たちも全員が参加、販売店同様に商品の使い勝手や特徴を詳しく学ぶとともに、それぞれのブースでどのようなやりとりがなされているのか、言い替えれば、メーカーと販売店が互いに何を知りたいと思っているのか、どんなコミュニケーションを必要としているのかを卸として知る機会にもしていきました。

第一回の大阪での研修会は、メーカー、販売店双方に好評で、また同様の機会をもってほしいという要望が寄せられました。もちろん大阪での定期開催を進めることにしましたが、大阪だけでなく全国で開催すべきだと考え、さっそく2カ月後には東京で開催しました。このときも大阪同様に盛況で、その後は、札幌、九州、仙台など全国主要都市で開催しました。

一回の開催ごとに研修会実施のノウハウが蓄積し、準備がスムーズになっていったのはもちろんですが、介護保険制度については施行後も3年ごとの制度見直しがあらかじめ決まっているなど、法改正や運用規定の変更などがしばしば行われます。現場で最新情報を求める人が多いことから国の動きを詳しく知る業界紙の記者を招いて講演をしてもらう企画も加え、より魅力的な研修会になるように進めていきました。

こうした研修会の企画に対して同業の卸事業者からは「そもそも卸として何が得られるのか？　研修会は売上拡大に直結することでもない。それどころかメーカーと販売店が直接結び付く機会を提供することになるから、直接の取引が生まれれば、今後卸は不要ということになってしまうのではないか。主催するメリットが分からない」という声が寄せられたことがありました。メーカーと販売店がつながることについては当初私にも不安はあり、当日のあいさつで「商売上の掛け率の話はしないでください」と、冗談めかしてくぎを刺したこともありました。しかし実際のところ心配はまったく無用でした。この機会に卸を介さずに直接取引しようとする人は、メーカー、販売店のいずれにもなく、むしろあるメーカーは私に販売店を紹介してくれたほどだったのです。私が確信していたとおり、商品について詳しく学びたいという販売店の意欲は強く、メーカーも商品知識をしっかりもってほしいという思いをもっていました。確かに研修会は私の会社の売上拡大に結びつくものではないにしても、学びの機会を提供するのは卸の役割です。情報流通のハブになる意義は、特に介護用品業界における卸では大きい役割であるといわなければなりません。そして、それによって介護用品に携わる専門職のレベルが上がり業界が健全に育てば、恩恵は介護用品を利用する消費者にもたらされます。卸の存在はすなわちそのためにあるのであり、こうした研修会こそ、むしろ卸本来の仕事の一つといっていいのだと思いました。

研修会は私の会社の社員を大きく育てる場ともなりました。

研修会の実施にあたって、集客に関連地区の社員が努力します。さらに開催場所を含む地域の営業担当社員は会場の手配、諸手続き、弁当の手配など多くの仕事が発生します。もちろん最大の関心事は集客数ですが、最低前年を上回ることが目標となります。さらにその数字がもう一歩で切りの良い数字になるときは、その数字が目標となります。メーカーの出展状況も当然気になり、もし期待しているメーカーが不参加の意向を示している場合は個別交渉もします。最後に当日のさまざまな段取りをチェックして、いよいよ実際の研修会の行事に突入します。そして終了後は参加社員の夕礼で簡単な反省会をして締めくくります。もっとも、実際はこれで終了ではなく、アンケートの集計という仕事があり、翌日からは研修会に来たお客様とのコンタクトが開始し、本当の営業を開始することになります。最後にすべての費用の決算が出ます。もちろん当日の営業社員の人件費もカウントされます。すべてお客様の満足を基準として自分の仕事を振り返り、最終的に赤字になっていないことも確認し、最後には次の年の新しい構想などを思い浮かべて慌ただしかった一日を静かに閉じます。この22年間の継続で研修会はすっかり定着しました。奮闘してくれた社員一人ひとりへの感謝は尽きません。

２００１年に大阪で始めた研修会は年々開催地を増やし、各回の規模も拡大していきました。卸としての評価や信頼感も大きく高まりました。現在では全国24会場、合計参加人数５６００人余りという大規模な形に発展し、今も継続しています。

第4章

改革

業界トップシェアを目指すための流通改革

——全国4カ所の物流センター開設に挑む

物流の伴わない卸は支持されない

メーカーと販売店の間に立つ卸の最大の任務は、お客様である販売店（とその先の最終消費者）が求めるものを、いかに迅速・正確に届けるかです。その役割を果たすためのキーファクターは三つあります。一つはいうまでもなく物流そのもの。二つめは営業対応、そして三つめがシステムです。

物の流通はいうまでもありません。メーカーから仕入れて在庫し、販売店の注文を受けて納品します。営業対応は、言い換えれば情報の流通ということです。メーカーと販売店の間を行き違いがない形で、かつ密につなぐためのツールであるカタログの発行や研修会の実施であり、電話やメールなどによる問い合わせ対応といったものです。総じて人が担うコミュニケーションです。三つめのシステムは物の流通と情報の流通を支える仕組みです。

メーカーと販売店の間の情報流通をカタログや研修会、さらに営業担当者の養成を通して進めると同時に、私たちは卸事業者としてしっかりとした役割を果たすために、物流と物流を支えるシステムの構築・改善に力を入れてきました。最後発の卸事業者であった私の会社が、わずかな期間で業界トップに並び立つことができたのは、この3ファクターを総合的に強化することができたからです。

特に物流体制を支えるシステム開発には、事業開始当初から力を注ぎました。頼んだ物が迅速に正確に手に入る安心感を販売店に提供できることが卸の生命線です。

現在私の会社では、札幌と宇都宮と大阪と大分に物流拠点をもち、同じ商品をそろえて全国どこでも翌日に届く体制を取っています。この「明日来る」ということが物流の重要なファクターです。

例えば金曜日にお客様が買いに来て、手元に荷物が届くのが翌週の月曜日だと分かったとします。もしこのお客様が使いたいのが日曜日であるとすれば「ほかのところを探します」となります。

私の会社が卸としてスタートを切るにあたって、靴に多くを学んだことはすでに書いたとおりですが、翌日配送の重要性を知ったのも靴のケースでした。

介護が必要になっている高齢者が普段の靴に加えてわざわざ靴を新調するのは何かイベントがあるからなのです。いつ必要かということが決まっています。間に合わなければ買い物の価値がありません。

私の会社なら欲しい靴の在庫状況が分かり、在庫があれば翌日着きます。つまり物流が販売を決めてしまうということがあるということです。ポータブルトイレでも同様です。親が木曜日に退院してくるので、その後は在宅介護になるからその前に欲しいという場合に、月曜日に注文して金曜日着では役に立ちません。物流が間に合わなければ相手にされないのです。仮にお客様がやむを得ずホームセンターなどで購入することになれば、介護保険が使えませんから全額を自己負担で購入することになります。

私たちはカタログの充実を図り、より多くの商品を販売店に分かりやすく紹介してきました。それが物流に裏づけられていなければ期待を裏切るだけです。いくらカタログに豊富に商品が掲載されていても、「これはメーカー取り寄せになります」というものが多ければ意味がないのです。物流基盤の強化と、物流を支えるシステムの整備は、私たちが卸としての地歩を築くために極めて重要でした。

発注業務を倉庫部門に移管

私の会社は創業当初こそ物流業務を外部の会社に委託した時期がありましたが、間もなく自社で物流を担うようになり、卸事業を本格的に展開し始めた1997年頃からは、大阪府門真市に所有していた自社物件を倉庫として活用することにしました。色やサイズ別に多くの種類がある靴や衣類もすべて在庫としてもつことで受注に即応できる体制を取り、それをほかの卸にはない大きな特色としてきたのです。

物流倉庫を稼働させ始めた時点ですぐに改良に取り組んだことがあります。それは本社がメーカーに商品を発注して大阪の門真倉庫に在庫として保管、本社の発送指示で倉庫から出荷するという情報の流れに関することです。従来、本社は発注の控えを発注のたびごとに門真倉庫にＦＡＸで通知していました。それは倉庫にとっては商品の入荷予定を意味しますから大切な情報です。しかし、私が感じたのは、倉庫が直接メーカーに発注すれば、この本社業務は不要になるということでした。発注すべき内容は在庫状況と出荷実績を見ればば簡単に出ます。発注を物流倉庫の業務に切り換えようと思いました。当初倉庫担当者はお金が絡むという理由で二の足を踏んでいたのですが、それについて責任を負う必要はないということを明確にして業務を移管しました。その結果、本社業務の無駄がなくなっただけでなく、「入荷予定を知りたい」とか「すでに十分在庫があるのに入荷してきた」といった物流部門から本社への苦情もなくなりました。さらに副産物としてあったのは、倉庫業務を担う社員の姿勢の変化です。従来の物流の仕事といえば、指示どおり迅速に発送する、入荷したものを整理して保管するといった受け身の仕事ばかりです。会社業務に対する関わりも一歩距離を置いたものになり、会社の成長を実感したり、業務改善を積極的に考えるという姿勢を失いがちです。実際多くの企業で物流部門は経営や基幹業務から切り離されて孤立し、社員の不満が渦巻く場になっています。「またこんなのが入ってきた。本社は何を考えてるんだ？」といった具合です。

しかし私の会社では物流倉庫が発注業務を、責任をもって担うようになってから、品切れ防止や在庫適正化を自分の問題として考えるようになり、業務への取り組み姿勢そのものが変わりました。物流の質を生命線とする卸会社で、これは非常に大きな価値をもつものでした。

全国に物流センターを整備

当初構えた門真の物流倉庫を増強しながら、私の会社は翌日配達を原則にして全国への出荷を行っていました。しかし、高速道路の速度規制の強化のあおりを受け、例えばそれまで翌日に着荷していた熊本への商品が、翌々日になるといった事態が起き始めました。翌日配送は私の会社の強みであり、この点で妥協することはできません。幸い、大分のアニマルで使っていた製品倉庫が稼働しないまま残されていたので、まずは保管倉庫として活用し、翌年には出荷倉庫としての機能を備えたものに整えました。システム面でも門真で稼働していたものに一項目を付け加えるだけでよかったので、スムーズに拡張できました。大分物流センターの開設は九州地区のお客様に歓迎され、この地区の販売店との取引は大きく拡大しました。

当然予想されたことですが、九州地区で起きていたことは関東でも発生しました。翌日配達エリアが縮小、埼玉、千葉でも翌々日着荷という状態になっていたのです。関東地区でも新たな物流センター開設が必要でした。

普通に考えれば拠点は東京近郊のトラック輸送に便利な高速道路のインターのそば、ということになると思います。私も最初はそう思ったのですが、よく調べてみると、関東郵政局の管轄内は、どこからでも、またどこへでも同一料金となることが分かりました。そうであれば関東圏だけでなく東北地方への配送拠点を兼ねたものにするのが良いと考え、東京近郊というよりはできるだけ東北に近い場所を探し最終的に栃木県宇都宮市を選びました。

4拠点目として物流センターを開設したのが北海道です。

当初の予定にはなく、大阪、大分、栃木の3拠点で全国の物流はカバーできると思っていました。しかし、北海道で採用した営業社員に同行して現地を車で回っていたときです。北海道での販売強化を図ろうとしているが、これは津軽海峡を渡る高額な運賃を考えたとき、本当に営業上プラスになっているのか、という疑問がふと浮かびました。もしかしたら事実上、運賃を払うために働いていることになっているのではないかということです。

当時は、各メーカーから大阪・門真に入荷した商品を北海道のお客様に納品していました。しかし、北海道に物流拠点があれば、各メーカーから直接北海道に納品してもらい、私たちは道内の輸送だけを担えばいいということになるのです。私はその場で本社の経理に連絡し、北海道への発送個数と運賃を調べてもらいました。すると、荷物の数は４５０個から５００個で、1個あたりの運賃は約１２００円でした。これを北海道内の物流に置き換えると1個あたり８００円ほど安くなり、全体では40万円前後の経費節減になります。これだけのお金があれば倉庫の家賃になります。出荷作業を担う人件費はどこで出荷作業をしても必要になる経費なので改めて考慮する必要はありません。とすれば、北海道に物流拠点を設けても十分採算が取れ、しかも本州からの出荷とは比較にならない短期間で納品できますから、販売店に対する大きなアピールポイントになります。私は北海道での物流拠点の新設を決断し、札幌で物件を探すと同時に物流社員の募集を進めました。

構想から半年で札幌物流センターは始動。従来、道内の販売店では注文品が届くのは4、5日後というのが常識になっているなかで、私の会社を卸として利用すれば翌日着荷が可能になりました。反響は大きく、道内のシェアは大きく拡大しました。またこれは計画したことではありませんが、新拠点の札幌センターは駅に近く、高速道路インターからのアクセスも良いことから、販売店が荷物を引き取りに来てくださることも多く、販売店とのコミュニケーションの強化につながりました。

全国どこでも翌日配送という原則を貫くために4カ所の物流拠点の構築を進め、北海道を最後に完了しました。運賃という点でもメリットがありました。ただし物流拠点が複数に分かれるということは、入出荷や在庫管理の手間が増えるということでもあります。この点では拠点が一つであるほうがずっとシンプルです。また、例えば宇都宮で欠品している商品が大阪にはあると分かると、当然お客様からは「大阪から出してくれ」と言われます。すると大阪から宇都宮に送り、宇都宮から顧客に送ることになり、一つの注文について2回運ぶことになってコストが2倍になってしまいます。各物流拠点で欠品を生まないための管理を徹底しなければなりません。

物流の高度化、コスト削減という物流を支える業務システムの大きなテーマを、4拠点化によって急がなければならなくなりました。

業務システムを全面リニューアル

物づくりをしない卸がその提供価値としてもっているのは、迅速正確なデリバリーです。私の会社もそのために物流センターを全国４カ所に拡げました。しかし、それだけで迅速なデリバリーが実現できるわけではありません。それを的確に運用する業務システムが不可欠です。

私の会社では２００３年から２００５年にかけて実施した物流センターの拡大と並行して、２００４年12月から２００５年７月にかけて業務システムの全面リニューアルに挑戦しました。

それまでどういうシステムであったかというと、２００４年頃のことですから投資の限界もあり、ウィンドウズ・プロをサーバーにして物流関連データをメールでデータ交換するような形でした。ところがウィンドウズ・プロは端末を10個までしかつなげることができず、また業務上ルール化されていることがシステムとして確立できていない状態だったことから、人手を介してなんとか処理する状況でした。

当時の業務の流れとしては、まず販売店からの注文が大阪本社にＦＡＸで入ります。この注文内容を社員がコンピュータに入力し、注文データを物流センターごとに切り分け、メールの添付ファイルの形で送ります。各センターではこれを出荷指示書として出力し、それに基づいて梱包・出荷作業をするという流れです。その後各センターは出荷の実績データや在庫データをやはりメール添付で本社に返します。そうすることで、例えば販売店から問い合わせの電話を受けている本社受電担当社員は、前日に注文があった商品の出荷ができたかどうか、その結果現在の在庫がどうなっているのかが分かる仕組みになっていて、ルールどおりに進めばきれいに回るはずです。

ところが現実にはデータの不整合が生まれていました。というのも、データ更新が数時間に1回のため、メールに添付するバッチ処理のために在庫があるのかどうか、出荷されたかどうかについてリアルタイムの情報が把握できないという状況があったのです。電話を受ける本人は、目の前のデータが最新かどうか分からないので大きなストレスを感じざるを得ません。

　また、本社では注文がある程度まとまってから物流センターに指示を出すこともあり、注文の量が多い連休明けなどは物流センターは非常に苦労することになりました。大量の注文データでピッキングや梱包に予想外の時間を要し運送会社のトラックの出発に間に合わないことが発生してしまうのです。

　こうした事態を解消するためには、今では当たり前ですが、本社にサーバーを置き、情報の原本は全社で一つに集約し、その情報を全拠点からアクセスしてリアルタイムに把握することができるようにすることです。注文の入力状況に応じて本社から情報を押し出すのではなく、物流センターの側から情報を取りにいくというように情報の流れを変えることにしました。

経営層がシステム更改プロジェクトを担う

　システムの全面刷新については、やがて私のあとを継いで3代目社長となる長男が、２００４年10月に入社することになっていたことから、それを待って直ちにプロジェクトを立ち上げました。実は私も大学卒業後に2年間在籍した会社ではシステム部に所属していたので、それからだいぶ時間は経っているもののシステム開発に関する基本的な理解はありました。さらに長男より1年早く入社し現在は副社長を務める次男が加わり、さらに当時のシステム開発担当が加わった4人がプロジェクトチームを組みました。プロジェクトリーダーは社長自らです。当時の社員はグループ全体でも70名足らずで売上高も12億円ほどに過ぎません。その小さな卸会社でシステム用語の分かる人間が4人、しかも経営陣にそろっているというのは非常に珍しかったと思います。

この4人にシステムベンダー2人を加えた合計6人で週に2日、午後4時から11時まで、途中夕食休憩を挟みながら、熱のこもった打ち合わせを4カ月にわたって続けました。これはまだ開発の基本コンセプトと要件定義のみです。その後の具体的な開発フェーズはもちろん、実装・テスト・運用の各段階でも、折に触れチーム内で議論を戦わせました。

従来の業務システムの更新といっても、基本的には初めからすべて作り直す覚悟でした。この面でも、社長以下の経営陣がプロジェクトメンバーであることが良い結果を生みました。一般に業務システムの構築は現在の業務フローを前提に、それをいかにシステムに落とし込むかというアプローチになります。そのフローで現にビジネスが回っているからです。しかし、マネジメント層がシステム開発のプロジェクトチームを組んだことで、今の業務フローにとらわれることなく、あるべき業務フローを検討しつつシステムを考えていくことができました。理想型としての業務フローを構想しながら、それを可能とする業務システムをつくっていくというアプローチをしたのです。またこのとき、新たなシステムの導入にハード、ソフト合わせて約５０００万円を投じています。売上12億円の会社の投資額としては非常に大きなものであり、これも経営陣自らが進めるプロジェクトであったから可能であったことでした。

ビル・ゲイツは『思考スピードの経営』という本のなかで、グーテンベルクの印刷技術の発明以来、情報の処理と伝達、保存のコストはどんどん下がり、コンピュータの時代、インターネットの時代になってこの費用低下のスピードはさらに増していると指摘し、情報処理技術を活用する企業が勝ち、活用できない企業は負ける、さらに業務システムの結果は決算に正確に反映されることによって初めてその数字に血が通い業務に活かせるようになる、とデジタル経営の優位性を指摘しています。私の会社でも、まさにその一歩が踏み出せたのではないかと思いました。

さらに、新たな業務の仕組みやシステムを導入するために、多くの企業は月に何百万円という費用を投じて専用線などを引いたりするのですが、私たちは中小企業でもデジタルデータを低価格で扱えるようにしたＡＤＳＬやＩＳＤＮ、その後の光回線など、システムだけでなく通信やネットワークに関する知識ももっていたので、中小企業でありながらデジタル活用の流れに他社より一歩あるいは半歩早く乗ることができました。これは私の会社の成長を考えるときに非常に大きな力になりました。

経営層にシステムやネットワークの知識がなければ、結局業者任せにするしかなく、開発に口が挟めない、設計に柔軟性をもたせて一部の機能を次の更改時へと先送りするといった決断もできない、運用時点でのトラブル対応ができないといった問題が出がちです。そうしたことについても自力で対応できたこと、少なくともどこに問題があるか、その所在はつかむことができたということが私たちの強みになっていました。

業務システムの全面リニューアルは、取り組み開始から約7カ月という短期で完了させることができ新システムへの移行を行いました。

新システムの最大の特徴は、今では当たり前ですが2005年という非常に早い時点で一つの受注に伴うすべての活動を一つのデータベースにまとめて保存したことです。受注の年月日時分秒、入力担当者、入力場所に始まり、出荷場所、出荷日時、入金日まで約250項目のデータを一つのデータベースとしてもっており、開発前の古いデータも引き継いでいます。このデータベースについては営業社員が自宅からある程度自由にダウンロードでき、問題点の把握や顧客の特性の見極めに利用できる体制も構築しました。在庫管理もデータ連携を重視し、メーカーへの商品発注、商品入荷、販売店からの受注、出荷などを総合してデータ管理し、その時点での受注残、受注残を加味した出荷可能在庫が常に参照可能になりました。介護用品の卸業界ではまだ誰ももっていないシステムでした。

社長交代は早いほうがいい

「社長は若いときに継いだほうがいい。若ければ失敗もできる」といって先代が1950年に創業したアニマルの社長の椅子を私に譲ったのは私が35歳のときでした。その3年後には先代が急逝、私は先代が二つめの会社として興したウェルファンも継ぐことになりました。それが37歳のときです。こちらも若くしての社長就任となりました。

それぞれいきさつは異なり、もちろん先代にはもっと仕事を続けてほしかったという思いはありますが、いずれ社長を継ぐのであれば、30代でその座に就いたことは私にとって感謝すべきことであったと思います。先代が口にしたように、やはり若いということはそれだけで価値があります。会社の経営など何も知らなくても、自分なりにこうしてみたいと思うこともあり、後先のことはあまり気にせずに実行することができました。いずれは長男の義生に社長を任せるつもりでしたから、本人のためにも早いほうがいいだろうと思い、２０１１年に「２０１３年2月で社長を退任する」と直接専務であった長男と常務であった次男に告げました。それぞれ２００４年10月と２００３年5月に入社し、２００５年10月には長男が専務、次男が常務として経営に参画してすでに6年以上が経過していましたから、こと改めて引き継ぐことや、特別に申し送ることもありません。当時はちょうど会社として中期経営計画を作るという新しい試みを始めようとしているところだったので、その策定過程でのさまざまな議論を一緒に進めることが実質的な引き継ぎになるだろうと思っていました。

中期経営計画は、当初「経営品質向上」の取り組みとして始めたものです。2005年でほぼ完了した卸会社としての体制整備を背景に、私の会社はその年を区切りに明確な成長軌道に乗ることができ、リーマンショックの影響を受けることもなく、右肩上がりでしかも急速に業績を拡大、私は社長交代を視野に入れながら少し長いスパンで会社の今後を考えたいという気持ちになり「経営品質の高い経営の実現」ということに問題意識をもっていました。「あなたの会社は経営品質が高いね」――「業績がいいね」ではなく、そういう評価こそ受けたいと思っていたのです。

もともとはある経営者との会食の席で、先方から「経営品質向上プログラムのことをご存じですか」と話を振られたのがきっかけでした。当時私はこの言葉を知りませんでした。「商品の品質」ならさんざん耳にしていますが、「経営の品質」という言葉が新鮮でした。まさに自分が今考えたいテーマだと思い、さらに教えを請うことにしました。

経営品質向上プログラムは、「顧客本位」「独自能力」「社員重視」「社会との調和」という四つの基本理念に基づき、会社の活動が整合しているかどうかを評価しながら革新し続ける経営づくりを支援する一連のプログラムです。米国のＭＢ賞（マルコム・ボルドリッジ賞）の考え方が基になっており、アジア・欧米など50カ国以上で実施されているグローバルな経営革新プログラムだということでした。日本でもこの考え方を模し、かつ日本式経営の長所を取り入れる形で日本生産性本部が日本経営品質賞を創設し１９９６年からスタートしているとも聞きました。

私はさっそく関連する書籍を読み、事例研究などの講演会にも出席。自社でも取り組んでみようと、当時の役員6人を集めて月に2日間、各8時間のミーティングを設定しました。具体的には先の四つの項目（顧客本位・独自能力・社員重視・社会との調和）に即して経営理念や業務方針、実際の業務内容を評価していくというものです。1年くらい続けましたが、業務内容の評価という段になって壁にぶつかってしまいました。役員レベルでは実際の細かい動きが見えていないということもあり、どうしても観念的な議論になってしまいます。しかも、評価基準となる言葉の解釈も、一人ひとりによって大きく異なっているということも分かってきました。立ち往生し、先に進めません。しかし「経営品質の向上」については、どうしても前に進めたいという思いが強く、しばらく悶々としていました。光が差したのはあるときこう気づいたからです。

「そうか、これは中期経営計画策定という作業だと考えればいいのだ」と。「それが経営の現状の評価と改善につながり、経営品質向上を追求していくことになる。経営品質向上といきなりいわれたから役員もピンとこなかったに違いないが、中期経営計画を策定することだといえばイメージが沸くだろう」――私なりに整理がつき、従来は単年度の事業方針策定しかやっていなかったのですが、中期経営計画の策定を今後実施していくと決めて、さっそく、各部門のリーダークラスを全国から15人ほど集めて策定委員会をつくりました。

つまり私の会社の中期経営計画は、そのスタートから「経営品質向上」が目的でした。一般の企業のように「3年後の売上、利益」を第一の目標に掲げるものではありません。それも関係していたと思います。最初は集まったメンバーも何をするのかよく分からない、という状況でした。口々に「社長、この委員会で何をするんですか？」と聞いてきます。私は「3年後にどういう会社になりたいか、こういう姿になっていたいという思いは誰にもあると思う。そのありたい姿と比べて現状はどうなのか、ギャップがあるとすればどこにあって、それをどうやって解消していくのか、具体的な計画を立てようということだ」

と説明していました。実際、第一回の中計会議では売上の数値目標のような話はまったくしませんでした。その代わり会社の経営方針の根幹に関わるような事柄について大いに議論しました。議論を集約してまとめた第1次中期経営計画書もテキスト作成アプリであるワードで書いています。普通はパワーポイントのようなアプリを使って図解などを組み込んだ直感的な表現でまとめるものだと思います。私の会社はむしろ徹底的に議論して、まるで学者の研究論文のような中計をつくっていました。

2010年から2012年の3年間が第1次中期経営計画の対象期間で、その後現在の第5次まで継続して進めています。次期社長の義生も第1次から（正確にいえば中計が必要ではないかという前段の議論、つまり第0次から）参加しましたから、この策定会議が経営を引き継いでいく場となり、その内実をつくっていくことになりました。第2次の策定委員会からは委員長も任せ、さらに第5次の策定には私はそもそも関わらないという形で徐々にバトンを渡しました。これは社長の代替わりのスタイルとして良かったと思います。同族会社では往々にして親子間の閉じた世界での「頼むぞ」「分かりました」といった社長交代になりがちです。それでは経営方針の継続性や組織的な執行体制の維持という点で弱さが出ます。中計の策定委員会の場はバトンタッチの場にふさわしいものでした。

中計の策定委員会では、経営戦略の中核に関わるような議論を重ねていました。例えば第一回では、①大きく拡大を続ける販売先にどう対応するか、②取扱商品の範囲をどう考えるか、③物流センターは現状の4カ所で十分か、④受注業務と受電業務の兼務でよいか、といったことが具体的な課題として浮かび上がり、それぞれについて突っ込んだ議論を進め結論を出しました。

①主たる営業対象の顧客は介護保険で認定されている福祉用具の貸与事業所に絞る。ほかの業態への積極的な営業活動は止める。もし他業界の顧客から取引依頼を受けたときは現状のメニューにある商品の範囲内での取引に限定する。

②貸与事業所が営業品目として取り扱う商品はすべて扱う。その他の取引先（例えばドラッグストア、百貨店など）に対してもその範囲にとどめ、要望があっても開発しない。

③拠点拡大の前に、現在の4拠点の業務を見直し、改めて効率重視の経営を目指す。

④受注と受電が一体で落ち着いた受注ができていない現状の打開は必要であり、コール

センター開設を検討する。

これらはすべて今後の経営の基本となる事柄です。これを実現するために、現状はどういう状況にあり、何をしなければいけないか、それを導き、3年間の行動計画としてまとめていきました。また、目標と行動計画を決めて終わりにするのではなく、計画の実行管理こそ重要であると考え、3カ月に一度のペースで全営業社員の集合会議を各3日間の日程で継続的に実施することにしました。中期経営計画は一般の多くの企業で、幹部社員が策定してその後は神棚に祭り上げられ、個々の社員の活動からは遠い存在になってしまっているという傾向があります。そういうものにしてはならないと考えていました。

経営品質向上への取り組みをきっかけにした中期経営計画策定の開始は、社長交代を見据えて私が残していくものの一つとなりました。

残務整理

私は長く会社の経営相談に乗ってくださった方から、事業を継承するなら負の遺産をそのままにしてはいけない、できる限りきれいにして渡さなければいけないと忠告を受けてきました。そのとおりだと思います。自分がよく事情を知らず、まして判断を下したものでもない負債や不稼働資産、不動在庫などが残されていたら次期社長の自由な経営判断の足かせになりかねません。

その点でなんとしても私の代でクリアにしなければならないものがありました。大分アニマルの四つの工場です。ダイエーと並ぶ得意先であった通販大手企業が中国生産品へ大きくシフトする方針を決め、それを汐に取引を停止したとき、私はまず一つを閉鎖、その後順次三つの工場も操業を停止していました。

操業を止めたとはいえ、建屋や設備、借地契約などは残っています。この四つの工場をすべてきれいにしなければなりません。

１件は幹線道路から外れた田舎の土地を借りて建物は自社で建てたものです。これはほかに利用価値もなく、完全に除却し更地にして返しました。更地にする費用３００万円の損失ということになりました。

次の１件は幹線道路沿いに10年ほど前に土地を借りて建てた、比較的新しいきれいな物件でした。操業を止めた当初は借りてくれる人があったのですが、３年ぐらいで出てしまい、その後は長期間不稼働状態でした。ようやく借りるか、買うかという相手が現れ、交渉の結果最終的には買ってもらいました。建物だけで１０００万円でした。簿価は２５００万円ぐらい残っていたので、これも差し引き１５００万円の損失でした。

３件目は私が入社した翌年に約４００坪の土地を借り、上物は自社で建てた２００坪ぐらいの鉄骨造の工場です。国道から細い道を50メートルほど入らなければならない不便な場所にあります。撤去工事費用が８００万円という見積もりが届いて困っていたのですが、元社員で、近くで縫製工場を経営していた人に建物と借地権を１００万円で売る話がまとまりました。もちろん土地所有者にも事前に許可を得て進めた話でした。ところが引き渡しの直前に土地所有者からストップが掛かりました。新たな所有者の経済力から見て、退去時に更地にして返還してもらうのが難しそうだというのです。しかし了解を得て進めていた話を今になってダメだと言われるのは筋が通りません。約束どおり譲渡できないことによって発生する損害については損害賠償の裁判を起こすことになると内容証明付きで文書を送りました。するとすぐに譲渡して構わないという返事がきました。この物件は簿価が約1000万円でしたので900万円の損失でした。

そして4件目が国道沿いの1850坪の土地に自社で建てた物件でした。長い間本社の付き合いのある銀行に斡旋を頼んでいたのですがはかばかしい進展がなく、伝手をたどって不動産業者に相談したところ、とにかくまず「売り土地」の看板を出しなさいという助言をもらって、すぐに出しました。これが道を開いてくれることになり、1年ほど経って地元の不動産業者から電話があり、その後1年半ほどの交渉を経て売却が決まりました。ここは簿価2500万円のところ7000万円で売れました。物件によっては手間も時間も掛かりましたが、4件をトータルすれば大きな損害を出すことなく処分することができました。

体系的廃棄へ

不動産物件ではありませんが、太郎が二つめの会社となるウェルファン創業時に心血を注いだ基幹事業である衣料品製造事業をどうするかという問題がありました。すでに会社は介護用品・福祉用具の卸事業に経営資源のほとんどを投入し、その結果、企業としても大きな成長を続けています。衣料品の製造も細々と続けていましたが、経営へのプラス効果はほとんどありません。商品販売企画会議の議論のときでした。「ウェルファンが製造しているある商品のLサイズが切れそうです。追加生産すれば3年分くらいの在庫が確保できます。その後は1年後くらいにMサイズが品切れしますので、またバランス崩れが発生します。どうしましょうか？」という話が出ました。

これは単にLサイズ商品を生産して補充すべきかどうかにとどまらず、自社の衣料品製造部門という、かつては主力でも今では経営への貢献度がほとんどない部門をどうするかという問題でした。「親父が始めた記念碑的な事業であり、まだこの商品を買ってくれているお客様もいる。お客様がいるなら、そして経営の足を引っ張るほどでもないのなら、もうしばらくこのまま続けよう」という判断はあり得たろうと思います。しかし私は、これも私の代で判断すべきことであり、かつその中身は業務閉止だと考えていました。念頭にあったのはドラッカーの「体系的廃棄」という考え方です。

企業の目的は顧客の創造であり、従って企業の基本的な機能はマーケティングとイノベーションだと語るドラッカーは、イノベーションの戦略をこう説明しています。

「イノベーションの戦略もまた『われわれの事業は何か。なんであるべきか』との問いから始まる。しかしながら、イノベーションの戦略においては、未来についての仮定は、既存事業戦略の場合とは基本的に異なる。既存事業の戦略では、現在の製品、サービス、市場、流通チャネル、技術、工程は継続するものと仮定する。これに対してイノベーションの戦略は、既存のものはすべて陳腐化すると仮定する。したがって、既存事業についての戦略の指針が、よりよく、より多くのものであるとすれば、イノベーションについての戦略の指針は、より新しくより違ったものでなければならない。イノベーションの戦略の一歩は、古いもの、死につつあるもの、陳腐化したものを計画的かつ体系的に捨てることである。イノベーションを行う組織は、昨日を守るために時間と資源を使わない。昨日を捨ててこそ、資源、特に人材という貴重な資源を新しいもののために解放できる」（『マネジメント　基本と原則［エッセンシャル版］』（p.268~269　ダイヤモンド社）。

ドラッカーは、今実行していることをしていないと仮定し、それを今からでも開始するかと考え、開始しないと判断したら即刻廃棄する、という考え方を示すのです。

今からでも実行するか――私は「しない」と思いました。在庫は製品で約1億円相当、材料で約3000万円ありました。なじみの顧客も存在しています。止めるのは簡単ではありませんが、それをあれこれ思案するより、まず「やめる」という結論が先だと考えて決断しました。創業者が文字どおり心血を注いで開発した商品があり、それに対する市場の評価が今日の会社の礎をつくったということは確かにあるものの、衣料品は介護用品・福祉用具市場の主要品目ではありません。太郎が興した会社の今後の成長を考えても、衣料品製造を続けることに価値はないと思いました。「時代のど真ん中」が好きな太郎です。この結論をきっと評価してくれるだろうと思いました。

幸いなことに、閉止を決めた衣料品製造事業に関心をもってくれる経営者が現れました。

あるメーカーで、ホームセンターやドラッグストアなどへの展開を強化しながら、業績を大きく拡大していました。九州の工場なども見てもらい、最終的に事業売却につながりました。あとから聞いたことですが、先方では私の会社が商品を引き続き購入して販売すること（つまり引き継いだ事業の開始初月から売上が立つこと）、量販店のバイヤーの私の会社に対する高い評価が耳に届いたことなどが買収を積極的に進めた理由だったそうです。

２０１３年2月、当初の計画どおり私は社長を長男義生に譲り、代表権をもったまま取締役会長になりました。代表取締役社長との共同代表という形です。代表権を手元に残すことで、さまざまな最終決裁を引き続き行いたいと考えたわけではありません。社長を譲った以上、先頭に立つのは義生です。ただ、その初日、その初年度からすべての最終決裁が新社長一人の決断に負うことになるのは、本人としても気が重いだろうと考え、精神的な負担の軽減につながればと思って取った措置です。「もう一人いる」と思えば、多少ともフットワークが軽くなるでしょう。また、義生の進言で、次男で、こちらは義生より1年半ほど早く２００３年5月に入社していた道生を取締役副社長に起用しました。これで私の会社の3代目へのバトンタッチが完了しました。

2005年9月の北海道物流センターの稼働により、私の会社は全国4カ所に物流センターを確保することになり、全国をネットする物流基盤が整いました。全面的に刷新した業務システムもこの年の夏には稼働を開始しており、2005年は私の会社が新たなステージに入る出発の年となりました。介護用品・福祉用具の卸会社としての、人、もの、システムにおける優位性は、私の会社の急成長の原動力となり、2005年(2月期)の売上高は約15億7500万円でしたが、翌2006年(同)は約21億2600万円、2007年(同)には約30億1100万円と急増、その後も年々拡大を続け、2022年(同)には163億7700万円に達し、2005年からの17年で10・4倍にまで売上を拡大することができました。卸に求められることは何か、卸が果たすべき役割は何かということを真正面から問い、デジタルの力も駆使してその役割を果たすべくさまざまなイノベーションに挑んだことが大きな成果につながりました。

第5章

承継と発展

新たな挑戦へ、3代目にバトンを託す
——人、もの、システムを強化して
さらなる発展を目指す

徹底したデジタル活用

3代目社長の義生は、本人がしばしば語るように「コンサバティブ」なタイプといえるかと思います。前提条件を変えず、基本に忠実に与えられた環境のなかで物事を最適化していくのが得意です。そうではない仕事をまったくやっていないということではありませんが、強みが生きるのは最適化分野であり、そのことが私の会社の成長のフェーズにぴったりだったと思っています。

事業を介護用品・福祉用具分野での卸事業へと完全に絞り込み、卸事業を支える人、もの、システムの基本を整備して一気に走り始めたのが2代目の私の時代でした。やや強引に引っ張ってきたところもあります。つくり上げた基盤を維持するのはもちろん、急拡大を続ける市場のなか、改めて組織体制や運用を見直し、もう一段の成長を目指して、それにふさわしいものへと強化していかなければならない時期に入っていました。新しいビジネスモデルや新しいシステム、新しい種類の人財が求められたのではありません。既存のものをあらゆる面でトップスピードで走り続けることに耐えるものへと強靱化しなければならなかったのです。義生はその時代にふさわしい社長であったと思います。

強靱化が求められたのは、一つは組織そのものです。私の時代にメンバーは30人、40人から一気に１００人を超え１３０人へと拡大していきました。当然、30人と１３０人では管理の仕方は異なります。しかし、急拡大していく市場を、立ち止まることなくしっかりと支え続けなければならないなかで、じっくり検討し、細部まで修正していく余裕はありませんでした。ゆがみも生まれていたと思います。就業規定、処遇、指示命令系統や社員間のコミュニケーションのあり方など、組織運営の現状の点検と課題の把握、解決へ取り組みが必要でした。

強靱化のもう一つのポイントはさらに徹底したデジタル活用です。業務量が一気に増え、メーカーは数十社から数百社に、お客様も１０００件前後から３０００件へと急速に拡大し、メーカーとお客様との間に立って、毎月数十万個というオーダーで商品を動かし続けていました。卸としてこの規模に対応し、メーカーからの仕入れと在庫管理、お客様からの受注と出荷を誤りなく継続し、最終的にはお客様に満足を提供する、それにはデジタルの力が欠かせません。徹底したデジタル活用こそ卸という事業をより高度化し、私の会社の利便性をさらに高めるものでした。その点でも、システム開発や運用に強みをもつ3代目社長の果たした役割は大きかったと思います。この業界でここまでシステムが分かる社長は、就任時はもちろんおそらく現在もいないと思います。

例えばＪＡＮコードという今では当たり前のバーコードの活用を徹底したのは義生の大きな功績でした。すべてのメーカーに対して出荷商品へのＪＡＮコードの付与を徹底しました。当時はまだ「ＪＡＮコードってなんのこと？」というメーカーの社長が少なからず存在していたのです。互いの業務効率が上がり正確性が飛躍的に高まるのですから絶対に導入すべきものです。メリットを説明し、具体的な導入方法についてもアドバイスしながら、全メーカーに徹底しました。そのほか、ＥＤＩ（Electric Data Interchange：電子データ交換）の導入やＷｅｂ化の推進についても、この分野では私の会社が独走することになりました。コンピュータの活用やインターネットやデジタルデータの活用は１９９５年のＷｉｎｄｏｗｓ95の登場以降、企業の競争力を大きく左右するものでした。ものづくりではなく流通を担う企業として、システム開発と運用は決定的に重要でした。あるとき義生はこう言っていました。

「パソコンとかキーボードとかサーバーはあくまでも道具です。ウェルファンではその活用について社員の多くが日頃から高いレベルで活用してくれている。そういう良き文化がありります。みんながしっかり付いてきてくれているのがうれしいです。もともとは梱包作業やフォークリフトの運転で入社した社員が業務のなかでシステムの活用を進め、今ではデータベースから何十万明細というデータを取り出し、エクセルで自由に組み替えてチェックしたいところを詳細な表にして、傾向の分析と対策を考えるということを自分で工夫してやっています。これは私が何かを指示したかとか、どう関わったかではなくて、会社全体に定着している強みです。この部分はおそらく、現会長一代、現社長の私一代ではなく、2代にわたって長く会社を貫いているものだと思いました。同業他社や同規模会社の社長と話をする機会もありますが、他社でこうした組織体質をもっているところはありません。ここは突出した強みです。ある会社の社長は『この業界でデータをデータとして扱っているのは、ウェルファンさんぐらいじゃないかと思います』と言っていました。

一般的には売上が上がったとか下がったとかそういったところはもちろん日々の検討材料

になっていますが、さまざまなデータを駆使して分析を深め、真相がどうなっているか、どこに課題があるかを虫眼鏡で見るように注視して、ではどこをシステム化し、どういうときにどこを押したら業務の改善や受注の拡大につながるか、そこを社長自身が探すというような取り組みはしていません。それが私の会社の場合には現会長と私というように2代続いて、私の弟の副社長を含めると、そういう人間が3人も経営のトップにいるわけです。例えば私の就任後、こんな取り組みをしました。

当時、月末、月初の請求時期になってくるとお客様（販売店）から納品伝票を再発行してもらえないかというお問い合わせが多くなっていました。お客様では自社の仕入れのデータと私たち納入業者の伝票と突き合わせて金額等の漏れがないかというチェックを毎月一定の時期にします。するとデータがあるのに伝票がないとか、販売先に売上を立てているが仕入れの伝票が見当たらないといった不整合が出てくるため、当社からの納品伝票の原票を探して確認する必要があるのです。取引先の法人数は3000以上にも上りますから、かなりの数のご依頼を受けます。

ウェルファンの社内システムでは、伝票番号をチェックして再発行のボタンを押せば直ちにコンピュータから再発行・自動ＦＡＸできるようになっています。しかし、ご依頼いただくお客様の立場に立つと、突き合わせ業務の手を止めてウェルファンに電話をかけ、事情を話して依頼し、ＦＡＸが届くのを待つということになります。作業が中断してしまいます。

それは業務効率に差し支えが出るだろうと思って販売店用のＷｅｂシステムに新しく機能を追加しました。今では普通になっていますが、購入履歴の横に納品書のダウンロードボタンを付け、それを押せばその場でＰＤＦで納品書の原本が手に入るようにしたのです。プリントアウトするかしないかもお客様の自由です。

お客様は作業を中断させずに完結させることができ次の仕事に移っていくことができます。こうしたことの一つひとつがお客様に役立つ仕組みです。私たちの会社のような中小企業で膨大な数の納品書をコンピュータに保管しながら顧客にボタン一つでダウンロードできるような仕組みをつくるのは、以前はとても考えられませんでした。『こんなすごいことができるんですね』と驚かれました。

現会長も愛読していたビル・ゲイツの『思考スピードの経営』の最後に本の要点を九つ

にまとめた記述があり、その一つに、自分たちサプライヤーがやるべきオペレーションを、インターネットの力を使ってユーザーが自分たちの好きなときにできるようにすることが情報技術を使うときの肝になってくる、と書いてあります。まさにそれを実践したものでした。

物流は論理の世界であり、デジタルを徹底活用しようという志向と、仕事の構造そのものをシステム化する能力が私たちの会社の基底にあり、それが事業フィールドである介護用品卸という業種・業態にマッチしているのだと思います。社長としていい資産を引き継げたと思っています」

デジタル活用では、ＥＣ小売店への対応も新社長ならではでした。その対応が功を奏してＥＣ小売店の売上が一気に伸び事業の柱の一つにまで成長しました。

私の会社が取り引きするお客様のほとんどが介護保険制度のもとで指定された事業者です。介護保険制度の外にあるＥＣ小売店というのは非常に数が少なく、東京、名古屋、大阪などの大都市圏に偏っていました。ＥＣ小売店で購入すると介護保険の適用がありません。購入代金の全額が自己負担になります。そのためＥＣサイトで購入する人は非常に限られるのです。ただし、高くついても入手を急ぎたいとか、もともと欲しい商品が保険適用外の介護用品なので手軽にすばやく入手できたほうが良いというものはECでも売れます。また、種類や数に制限はあるものの福祉用具や介護用品をラインナップしているということがECサイトの魅力になるというサイト運営側の意図もあり、少数であってもEC販売サイトは確実に存在しているわけです。

営業担当者が重点的に対応しようと思うのは圧倒的マジョリティである介護保険事業の法人です。会議などでもこちらの要望やニーズがクローズアップされ、ECサイトからのものはごく一部の要望・意見ということになり、事業ニーズの拾い上げや対策が希薄になりがちです。対応が後回しになり、売上の伸びる余地を自ら放棄することになっていました。この部分は私の思いが至らなかった点も大いにあります。

これについて新社長は、EC販売サイトから上がってくる声を対応しなければならない当たり前のテーマととらえて組織化し対応していきました。聞けば単純なことですが、効果は絶大でした。義生はこの経緯をこう振り返っています。

「もともと介護保険事業者とECサイトの販売者ではビジネスモデルがまったく違います。

いくらで仕入れていくらで売るか、どこにどういう経費を掛けるか、どこで利益を取るかといった考え方がまったく違うのです。それを一緒にしていたというところにそもそも無理があると思いました。頭を切り替えてまったく違うアプローチをしなければならないはずです。限られた時間のなかでそれは簡単なことではありませんし、まして担当顧客のごく一部であれば、後回しになるのは、ある意味必然です」

義生が見抜いたように、そもそもEC顧客の声が吸い上げられない構造になっていたわけです。私には見えていませんでした。

トータルコンビニエンス

もう一つ、これも新社長ならではだと感じたことがあります。それはお客様の声を丁寧に拾って、そこで出てきた問題を徹底的に掘り下げ原因を突き止め、その解決策をつくり運用するところまで進めていくというところです。本人は「自分の性格的な細かさというか、理屈で割り切れないことをとことん追求する執拗さがある意味でポジティブに出た」

と振り返っていました。

お客様からの要望やこちらのミスに基づく苦情に対して、当然その改善と再発防止策が求められます。それについて、新社長はその場の表面的な対応や対策だけではなく、根本的な解決へと進めて仕事の質を全体として上げていきました。もう一つ良かったのは、再発防止策の立案というと、従来は注意喚起や教育の徹底といった属人的、ともすれば精神的なところに帰着させられることが多かったのですが、義生の場合は業務フローやコンピュータシステムにフィードバックして、その改善によってそもそも問題が発生しないような業務環境をつくっていくというアプローチをしていました。これも私の社長時代にはないスタイルで価値があったと思います。

こうしたきめの細かな追求の背景にあったのは、「これからはトータルコンビニエンスだ」という認識だったと思います。今の福祉用具販売業界において卸事業がどうあるべきなのか、それを俯瞰する視点があったということです。社長を引き継いだあとに、義生はこう言っていました。

「介護保険法の施行が2000年で、その後の業界黎明期といえる2007年ぐらいまで、私の会社は未成熟な流通のなかで際立つ尖った強みで伸びていくことができました。翌日配送とか、靴の返品対応といったことです。ところが今は、そうした尖った強みだけでは競争には勝てません。流通が成熟し、物流が速いとか返品がしやすいといったことは当たり前の業界標準です。今は卸としての総合力、あるいはトータルコンビニエンスということが求められていると思います。お客様の当たり前のレベルが上がっているのでお客様の要望を広く深く知っている会社でなければ構築できない魅力のあるサービス群を総合してつくり上げていくことが必要です。それが私の3代目としての仕事だと思います。

非常に幸いなことに、現会長が社長だった時代につくられた伝統があり、ウェルファンには顧客満足を実現するためにその声をきめ細かく拾って仕組み化していくという文化があります。現会長は社長時代に広く全国を回って、自分の目と耳でお客様の声を聞いていました。ＣＳ会議が早くから組織されていて、お客様の要望や不満をコツコツと飽きもせず集計して、それを毎週、マネジメント層が集まって侃々諤々の議論をするという習慣がありました。これはトータルコンビニエンスに進まなければいけない今の時代で、非常に価値の大きなことです。お客様の声を聞いてすぐに形にして提供する。そのための新規性や創造性へのこだわりがあるというのが会社のDNAであり、それがあるからこそ次々とサービスの開発ができたと思います」

確かに義生の時代になってから営業の現場で「えっ、本当にやってくれたの？　とてもできないと思っていた」とお客様が目を丸くするシーンが増えました。例えば新商品が出たときには、販売店は自社のコンピュータに商品登録をしていくことになりますが、そのたびに事務に問い合わせたり、その商品のホームページを見たりして、結構面倒な業務になります。それを私の会社のサイトに入って商品データダウンロードボタンを押すだけで、商品名、メーカー名、値段、仕入れ価格、JANコードなど、お客様に必要な情報がエクセルですべて取れるようにしています。これも「こんなだったらうれしいな」というお客様の声でつくったもので、非常に喜ばれました。こういうことまで気を使ってさらにサービスとして実現していることが大切なのだと思います。

義生は介護保険法施行当初の2007年くらいまでを業界黎明期と呼びました。そのただなかにあった私の時代のサービスは、物流を多拠点化し、カタログを充実させ、靴のサービスを開始して靴のマニュアルを作り、さらに研修の機会を設けていくというように、マーケットを育てていくためにいろいろな形を提供していくというプロダクトアウト的な問題解決方法だったと思います。それに対して義生時代の対応は、マーケットイン的な対応、つまりお客様の悩みや苦情に対してどう対応するか、それも単に絆創膏を貼りつけるだけではなくて、こうすればもっと便利になって喜ばれるのではないかと新たなお客様サービスのメニューに落とし込んでいくような対応でした。同じ社長でも市場の成熟度に応じてタイプの違いを活かした対応が2代にわたってできたと思います。

ただいずれにしても、お客様に向き合ってCSに取り組むのだという基本的な姿勢は一貫していました。実はそこには創業者の太郎以来の「顧客満足が第一」という3代を貫く哲学のようなものが通底していると思います。それが基本にあるからこそ、時代に合わせたさまざまな対応が取れたのだということです。

人財へのこだわり

義生時代に入ってからの取り組みで非常に変化が大きかったのは、マーケット向けのものもさることながら会社組織の運営、特に採用面です。

義生には、企業の成長に関してある確信がありました。それについてはこう語っていました。

「良い人が入社するということと事業の生産性が上がるということの間には、明らかに相関関係があるように思います。そして生産性が上がれば会社の収益が増え給料が上がる、給料が上がればさらに良い人が集まる、するとさらに生産性が上がる。この好循環を実現すべきだというのが自分の人事における一つの哲学です」と言うのです。

人の採用については社長交代後すぐに義生に託し、私はノータッチですでに10年近くになろうとしていますから、義生が採用した社員の数も非常に多くなっています。確かに有能な若手が年々増えているという実感をもっています。採用業務の改善は義生ならではの新たな取り組みでした。何をしたのか、これは本人に語ってもらうことにします。

「3代目としての社長就任時から私はより良い人を獲得するためには採用プロセスの再検討が必要だと考えていました。大きなヒントになったのが物流センターのパート従業員の採用プロセスを変えたときです。

従来は採用現場である物流センターのセンター長にほぼ任せていました。ハローワークなどに応募された人が面接に来て、特に体が悪いといったことがなければ、業務の内容と待遇を説明し『いつから来られますか？　できるだけ早く来てもらえるとありがたい』『では明日から来ます』というような非常に簡単なやりとりでした。ところが安易に採用した一部のパートさんには現場の管理職も苦労していました。教えても間違えてしまったり、仕事を覚えるのに時間が掛かったり、効率的にテキパキとできなかったり、多かれ少なかれ各物流センターではいろいろな問題が発生していました。このままでは現場の作業効率がなかなか向上しません。現場での教育や指導以前に、採用の時点でなんとかしなければだめなのではないかと考えました。ちょうどその頃です。ある経営者仲間の会社に訪問させてもらったとき、古びた倉庫のようなところに労働省認定職業能力検定キットと銘打ったものが放置されているのを見つけました。アルミの板にたくさん穴が開けてあり、そこに金属ピンをはめ込んでいくテストツールのようなものでした。こういうツールがあるのかと初めて知り、これに類したものを使って実技試験を行ったらどうかと思ったのです。ぜひ検討してみようと思ってテストツールを探しました。しかし私が偶然見掛けたようなものは探し当てることができなかったので、代替品として昔ながらの「ダイヤモンドゲーム」を購入しました。星型をなぞって小さな穴が開けられたボード上でピンを動かし、すばやく陣地を獲得すれば勝ちというお馴染みのゲームです。これをうまく利用すれば軽作業に必要な手先の器用さが分かるのではないかと思いました。

まずすでに就労しているパートさんに2回続けて同じことをやってもらい、ピンの移動完了までの時間をストップウォッチで計りました。これで一定のデータが集まりました。

集まったデータを所要時間の短かった順に名簿を並び替えました。この名簿にはあらかじめ職務能力として上位2割をＡ、下位2割をＣ、中間の人をＢというように能力別に識別できる符号を付けています。予想ではダイヤモンドゲームに掛かった秒数の短い順に並び替えた結果は、ＡＢＣの能力順にきれいに並ぶのではないかと思っていました。しかし意外なことに、テスト結果は、能力順にはなりませんでした。確かに優秀であろうと思ったＡの人が、ゲームでも好タイムを出していたのですが、時折、私たちがＣと評価していた人がタイム順の中位もしくはそれより上に来ていたのです。

これはどういうことだろうとエクセルで試行錯誤しながら傾向の分析をしてみると、まず、1回目と2回目の試技では秒数に明らかに変化があり、1回目の経験を2回目に活かすことができた人が好タイムを出していました。この力も職務能力に関係がありそうだと思って1回目から2回目を引いた秒数（つまり短縮できた秒数）の順番に並べると、A、Bはバラツキがありましたが C は明らかにタイムの改善が少ないグループに集まっていることが分かりました。つまりこのテストをすれば、指先の能力が計れ、C評価の人を浮き上がらせてふるい落とすことが可能だということです。

ところが、いろいろ調べるうちに、指先の能力と腕を動かす能力は別のものかもしれないという仮説にたどり着きました。物流センターでは指先でものを扱うというよりは腕を広げたぐらいの箱を扱うことが多いため、ダイヤモンドゲームより大きなものでも実技試験をしたほうが良さそうだと思ったのです。そこで探してみると、スポンジ製の赤い丸いものや青い三角のものが一そろえになった赤ちゃん向けの積み木のようなおもちゃを見つけました。これをパッケージから取り出したままの状態から、ある決まった形に並べ替えてください、という実技をやってもらうことにしました。これもダイヤモンドゲームと同じように2回やってもらい、1回目と2回目の改善幅が低い人やあまり変わらない人は職務能力が低そうである、と推測することが可能だと分かりました。

現在はパート従業員の採用にこれらの実技試験を採用し、一定以上の時間が掛かる人と改善が見られなかった人は、その時点で不採用としています。結果は上々でした。この採用スタイルを導入して以降、現場の作業性は明らかに向上し、物流センターの管理職からは『最近は特に能力が劣っていて困るという人が入ってこなくなりました、ありがたいです』と感謝されました。

実技試験の導入に加えて面接も工夫しました。『懇親会などがあったら参加できますか』と聞いて、チームに溶け込める人かどうかを判断したり、『あなたの長所と短所はなんですか』といった質問をしてそれに対する回答内容から、内省する力やコミュニケーション能力などについて一定の判断をするようにしました。営業職や新卒採用で応募した学生なら、あらかじめこうした質問があることを予想しているかもしれませんが、物流現場で働くパート従業員としての応募でこうした質問を予想している人は少ないと思います。とっさの回答であるという点でも有効な判断材料になりました。そういった質問にもしっかりと答えてくれた人が物流センターのスタッフになっています。

また、営業やカスタマーサポート、長期雇用、いわゆる正社員と呼ばれる人たちの採用についても、試行錯誤しながらプロセスの改善を繰り返しています。これらの積み重ねは、その後の採用に大きな力を発揮し、年を追うごとに社員の粒がそろってきたという実感をもっています。3代目として会社に貢献できたことの一つであると思います」

3代目社長のチャレンジはまだ始まったばかりともいえますが、太郎、そして私と受け継がれてきたものを根底に据え、それを今の時代の最新のテクノロジーを駆使しながらさらに成長の歩みを続けていくだろうと思い、それを楽しみにしたいと考えています。

おわりに

２０２２年秋頃幻冬舎様からウェルファンの社史を書籍にしないかというオファーをいただいた。その1年半ほど前に社内向けで社史を小冊子にまとめ出版していた。在職中の社員の感想文も多用し、ウェルファンの歴史と伝統を残すことが目的であった。

改めて社史、事業転換の苦労話を書籍にする意味、目的を自問してみた。私の事業経営の経験は大きく二つである。一つは子供・ベビーの肌着などの製造販売の事業を引き継ぎそして完全撤退するまでの30年間の経験。次に先代の取り掛かった高齢者生活支援用品の卸事業の安定までの30年間である。

前者の子供・ベビーの肌着などの事業撤退についてよく聞かれることは、黒字であった事業をよくやめる決断をされましたねということである。私の気持ちとしては市場が小さくなる状況で、また若干の工夫を凝らしたとしてもたかが知れており、事業としては明るい展望をもてなかったことであり、もっと早くやめる決断をすればよかったとすら思っている。

後者の高齢者生活支援用品というものはあらゆる消費財に高齢者用と名前を付ければ商品はできる。只ニーズのつかみ方、商品の工夫の仕方次第である。ただし、どこで売れるかという問題は私たちが事業を開始したときから最大の問題であった。今でもこの売り場なら売れるという答えは出ていない。ただ２０００年に介護保険法が施行され、その給付対象となった福祉用具についてははっきり市場が確定し、23年の間に十分育った。福祉用具貸与事業所という指定事業者である。

しかし、福祉用具以外の高齢者生活支援用品の販売については、採算という面で事業性の確立された売り場とは今もっていえないのである。貸与事業のついでにお客様の要望に応えているといっても過言ではない。ただ介護保険関連事業に頼り過ぎることのリスクを回避するためにこの生活支援用品の開発、販売に力を入れておられる会社もあるが、まだ成功しているとはいえない。40年前とさほど大きな前進はない。

現在の事業経営の転換を図りたいと思っておられる方、新しい市場としての高齢者生活支援用品の販売を考えておられる方に私の経験がお役に立つと思い、幻冬舎様のオファーに乗ることにしたのである。

その後の幻冬舎様との議論のなかで「革新のバトン」という書名を提案いただいた。今まで編年体で事柄を整理することしかやったことがなかったので戸惑いがあったが、先代が決断し革新してきた事業を見ているなかで私もそれに倣い経営してきたのだということに気づかされた。息子の現社長も今後事業環境の大きな変化に対応して果敢に挑戦してくれるだろうと期待している。

この紙面を借りて今までウェルファン創業以来ご指導いただいたお客様に心より御礼申し上げます。もちろんパートナーとして助言、ご協力いただいたメーカー様、システム開発、カタログ企画などに心からご協力いただいた方々、そして縁あってともに働いてきた社員の皆様にも御礼申し上げたい。

最後に事業のすべての過程で祈り支えてくれた家内にもこの場で感謝の意を表したい。

「神のなされることは皆その時にかなって美しい」（旧約聖書、伝道の書3章11節）という信仰を与えられ、究極の平安を与えてくださった神様に感謝している。

2023年3月　清水正憲

〈著者紹介〉

清水正憲（しみず まさのり）

株式会社ウェルファン代表取締役会長

1950年生まれ。京都大学、同大学院卒業。1975年住友金属入社後、1977年に父が社長を務めていた株式会社アニマル（子供服製造）に入社。1982年にアニマル社長に就任、同時期に父は高齢者向け衣料の製造会社ウェルファンを創業。1988年、父親の急逝に伴いウェルファン社長に就任（アニマルとウェルファン2社を経営）。1997年からウェルファンで高齢者生活関連用品・福祉用具等の卸売業に参入。2000年の介護保険制度施行とともに一気に事業を拡大。2019年には126億円を売り上げ、業界最大手に成長。アニマルは2003年に新規投資を停止、2012年に清算。2013年に長男、清水義生が3代目社長となり、自らは代表取締役会長に就任。

本書についての
ご意見・ご感想はコチラ

革新のバトン

経営者３代でつないだ介護用品・福祉用具卸 ナンバーワン企業への軌跡

2023年3月16日　第1刷発行

著　者　　清水正憲
発行人　　久保田貴幸

発行元　　株式会社 幻冬舎メディアコンサルティング
〒151-0051　東京都渋谷区千駄ヶ谷4-9-7
電話　03-5411-6440（編集）

発売元　　株式会社 幻冬舎
〒151-0051　東京都渋谷区千駄ヶ谷4-9-7
電話　03-5411-6222（営業）

印刷・製本　中央精版印刷株式会社
装　丁　　弓田和則

検印廃止

Printed in Japan
ISBN 978-4-344-94174-8 C0034
幻冬舎メディアコンサルティングＨＰ
https://www.gentosha-mc.com/